U0069891

Vision

一些人物，
一些視野，
一些觀點，
與一個全新的遠景！

親密恐懼

為什麼我們無法
好好愛人，
好好被愛？

周慕姿 諮商心理師著

有時，我們會選擇折磨自己的方式生活。

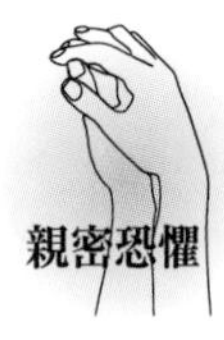

【推薦序】

鼓起勇氣，面對自己曾受過的傷

／唐綺陽（占星專家）

慕姿撰寫的書總能直指核心，犀利洞穿現代人的內心需求，厲害到我快覺得她有超能力。

我認為「天下事沒有偶然」，認識慕姿很久了，為何挑《親密恐懼》找我寫序？初次接到邀約，我忍不住想：是被慕姿看穿什麼嗎？有這麼明顯嗎？哈哈，這真的很值得想一下，不是嗎？為何是「親密恐懼」呢？彷彿覺得是上天也想藉此機會要我面對似的，把深埋的「親密恐懼」好好理一理。

作為水象天蠍，我早自覺「自身有深沉的情緒困擾」，所謂深沉，就是「可藏得很好，好到別人都看不出來」的深處，別人看到的，是正能量、凡事胸有成竹的我，給的是療癒者的陽面；但深沉的我呢？我很清楚自己「的確有親密恐懼」，也不禁回憶起來，為何過去的關係總以失敗告終？是真的不合適，還是「太恐懼了，所以逃吧」？

總在氣氛很好的當下，忽然就悲觀起來，覺得這個美好一定不會長久，對方一定很快就會討厭我、不喜歡我……想著就覺得「完了」，然後不知道該怎麼辦，手足無措到無法享受美好，對方也像探知什麼似的，氣氛逐漸變得不同。每次關係要往親密邁進時，就會開始負面，沒有例外。這是我走進身心靈領域的契機，那時我太困惑了，太想了解問題出在哪裡。

現在的我已透過占星知識系統，清楚認知自己問題，也認知到這不是羞恥的事，像我一樣想要愛又高敏感，內心既自卑又脆弱的人，比比皆是啊，因為想貼心，所以易受傷，想滿足期待就變得脆弱，懂得多，於是容易恐懼……

當代人的心理狀態，造就了這代人的關係風貌，我們會有「親密恐懼」，就因「開始思考何謂親密，與太想親密」而來，以前那「搭伙過生活」、活著都艱難的時代，哪有空想那麼多？親密恐懼？一定是當代人太草莓。沒辦法，時代在演變，現代人也比較有空想事情，無怪身心症這麼流行，也是我們生活好起來的緣故。

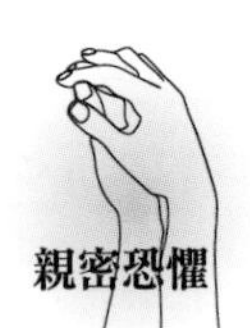

本書適合跟我一樣沒安全感、對自己沒自信（是的，別不相信），總覺得自己還不夠好的人，或深陷在不好的愛情劇本裡，無止境惡性循環而不自知的人，這本書會用很輕、很溫柔的方式提醒你自我覺察，讓你更了解自己，過程中不會不舒服，反而很容易就有代入感，感同身受。

書中有提及六種親密恐懼，這六大親密恐懼樣貌，不僅我自己，只要環顧四周，隨便都能發現周遭親友可能就在此遭遇中。希望這本書可以幫助大家自我覺察，一切都有原因，一切都有脈絡，了解內心之謎對現代人至為重要，只有鼓起勇氣，面對自己曾受過的傷，才能脫離不斷在關係裡沒好結果的循環。這是漫長的修行，我到現在都還在學習中，受教了。

【推薦序】

溫柔陪伴所有傷痕累累的人

／蕭彤雯（前新聞主播；知名節目主持人）

在正式進入這本書之前，我想先跟你說個故事。故事的主角不是我，是我的女朋友R。

R是我剛踏入新聞圈時就認識的朋友，身材姣好、外型亮眼、做事俐落，對朋友也照顧有加。這麼優秀的一個女孩兒，我始終不懂為何在愛情裡，她如此沒自信？總是受盡委屈。而且是委屈到你會覺得她有病的那種程度！

當時她有個交往對象是公司同事，但沒人知道，對方不肯公開的理由是「辦公室戀情很麻煩，容易見光死」。她覺得合理，我卻直覺不對勁。因為對方是公司的風雲人物，

對外業務能力也強，幾乎每晚都有「局」。天天跟別人聚餐喝酒唱歌，可是和R卻只有一種相處模式：在她家。

他們從來沒有在外約會過，不曾一起去餐廳吃飯看電影，更別說去戶外走走。永遠都是他深夜來到她家、共度春宵，隔天早上各自上班（即便在同一家公司）。

我為R抱不平：「妳是哪裡上不了檯面？為什麼要這樣偷偷摸摸當地下情人？而且他異性緣超好，對外卻宣稱單身，妳難道不覺得委屈？」

（當時我每天都想點播楊丞琳的〈曖昧〉給她：「曖昧讓人受盡委屈~找不到相愛的證據~」）

但她總是說：「他這麼優秀，卻願意跟我在一起，我還有什麼好不滿？萬一他因為關係公開，覺得有壓力而離開，我該怎麼辦？不管他去哪裡，只要最後會回到我身邊就好。」

我心想：「萬一有一天他就不回來了呢？」還沒來得及說出口，事情就發生了。他開始疏遠她，先是說太常外宿，家人有意見，慢慢地，她只能在公司見著他。然後他說這段關係讓他覺得壓力很大，他想先退回到朋友身分。她說好，「我會等你調適好」。

不到三個月，他大方公開新戀情，而且要結婚了。同事們都會去婚禮，她說她也要去，因為：「他希望我能在場，給他祝福，讓他放心。」

我問她承受得住嗎？她說可以。但在喜宴當天，我不停地接到她電話，一通又一通：「彤雯，妳覺得我穿哪件衣服好？這件紅洋裝？還是白色那件？」

「我現在在弄頭髮，你覺得我要放下來，還是盤起來？」

「親愛的，妳再幫我看一下：我要搭哪一雙鞋……」

我記得當時我正在趕晚間新聞的播出帶，雖然截稿時間弄得我很焦慮，我還是耐著性子聽她說，幫她決定，直到最後一通電話：

「我無法決定我要戴哪副耳環……他曾說過這副耳環很美，他應該會喜歡這個吧……」

此時，我再也忍不住狂吼：

「拜託妳醒醒，好嗎？不論妳今晚再如何精心打扮，他都不會看妳一眼。今晚他眼中只有他的新娘！」

「從一開始妳就只是他暫時取暖的對象，這就算了。但結束時，他不但沒有誠實面對妳，還要妳去參加婚禮，只為了將他原本就不多的罪惡感降為零！妳到現在還沒看清這一切嗎?!」

電話那端原本焦慮不安的碎念，戛然而止。接著，她開始啜泣：

「我只是想……如果……今晚他有認真看我一眼，我希望他看到的是很美的、過得很好的我。然後記住這樣的我。」

那晚過後，我們有過一次長談。她告訴我，小時候她爸爸外遇，很少回家。每次回來，爸媽就會激烈爭吵，甚至大打出手。媽媽很痛苦，無暇也無心照顧她和弟弟。有次她放學回家，媽媽房門反鎖，她怎麼喊、怎麼敲都沒回應。擔心媽媽的她繞到陽台上，從窗外往內看，發現媽媽躺在床上，一動也不動，床邊散落一地藥品。她嚇得打市內電話報警，哭著說：「請救救我媽媽！她好像自殺了！」

之後警察抵達，破門而入，將企圖服安眠藥自殺的媽媽送醫。當時R也想跟著上救護車，卻被救護人員擋下，可能因為她年紀太小，到了醫院怕沒人能顧她。

「然後救護車的門闔上，鳴笛揚長而去，剩下我一個人站在路邊。從那一刻起，我突然懂了，這世上沒有什麼是永遠的。就連最愛我的親生母親，都會丟下我。」

那年，她才小學五年級。

我聽完後，抱著她大哭，既心疼又悲傷。才二十多歲的我，完全不懂該怎麼安慰她，只知道她那隨時存在的強烈不安全感，為了留住對方的所有行為，包括緊迫盯人及委曲求全，都只是怕再次被遺棄。

後來R經歷了幾段痛苦的戀情，包括成為別人的第三者。我不再問她為什麼要活得這麼沒尊嚴，也不再以我認定的道德標準看待她的一切。當她愛的人深夜接到太太電話就拋下她，她哭著打給我時，我沒有對她說「早說過他不會選擇妳，不是嗎？」我只開車出門、把蹲在路邊滿臉是淚的她「撿」回家，輕撫著哭泣的她入睡。我總覺得我懷裡的，是那個才十歲、在路邊看著媽媽被救護車載走的小女孩。

這本書裡所談到造成親密恐懼的原因，第一個就是「被遺棄的恐懼」：「因為我沒有價值，所以我不會被愛、會被拋棄」，這完全就是R的寫照。問題是慕姿老師也提到：「自我價值」是個相對虛幻的東西，它不如「自信」，可以靠能力的累積和訓練，而是一種自小從他人身上所感受到對自己的看法，慢慢形塑成自己對自己的看法。

對R和許多有著類似過往經驗的人來說，要走出各種樣貌的親密恐懼，真的不是件容易的事。但如果無法覺察與害怕面對，只會一再重蹈覆徹。希望慕姿老師的這本書，能溫柔陪伴所有傷痕累累的人，看見並療癒曾在關係中受的那些傷，重塑自我價值。

我相信，人生永遠有機會展開新的劇本。

目錄

第一篇 你、我所不知道的親密恐懼

目錄

對於親密感的迷思 041

目錄

目錄

目錄

第三篇

六種親密恐懼，如何形成重複的愛情腳本

目錄

目錄

目錄

第四篇 辨識你的愛情腳本、療癒你的親密恐懼

開始療癒你的親密恐懼 209

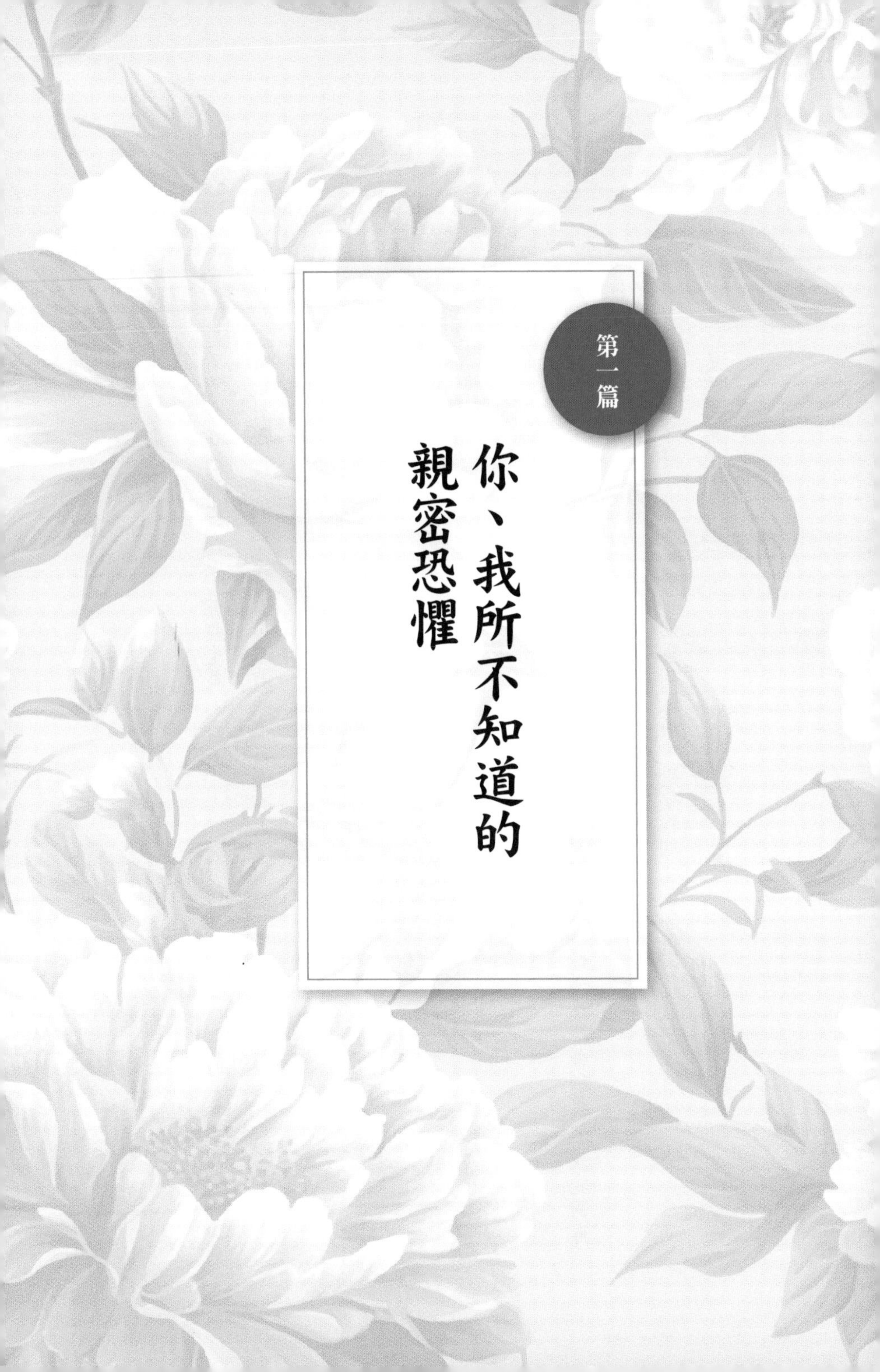

第一篇

你、我所不知道的親密恐懼

她看著坐在沙發上的他，有些生氣。

「你為什麼不帶我出去玩？不跟我找個話題聊天？」

他不發一語，不知道該說些什麼。他感覺自己似乎怎麼做，對方都不會滿意。

「你就是不在乎我。對你來說，工作跟別人都比我重要，對不對？」她哭著說。

他還是不說話。

✤✤✤✤

她坐在房間裡，做著自己的事情。

門外是他，拚命地敲著門：「你到底怎麼了？不要不理我好嗎？請告訴我，我能夠再做些什麼？」

門內的她不發一語，她對一切感到厭煩，想要找個喘氣的出口。

「是該結束了。」她想。

可能你、我都有的親密恐懼

談到親密恐懼，很多人想到的，或許是：

若即若離、難以捉摸，看似才華洋溢、具有魅力，卻情緒起伏大或不容易親近；很難穩定在一段關係裡，無法建立長期關係……

或許你的生命中，曾出現這樣的對象；也或許，你本身就是一個這樣的人。

「這樣的人，是不擅長建立親密關係的吧！」我們可能這樣想。

而和這樣的人建立關係，需要花那麼多力氣的對方，應該就是個擅長建立親密關係的人吧！

否則不容易留在這樣的關係裡。

但如果我說，在這個故事場景的兩人，其實可能都是有「親密恐懼」的人。

你相信嗎？

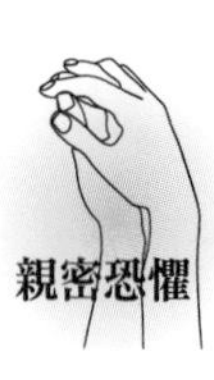

一開始，我舉的兩個經典場景（性別可置換）：

很常見的，一個討愛的人、想親近的人，與另一個冷漠的、想騰出空間的人，這兩種典型角色，或許都陷入親密恐懼的困難中而不自知。

看到這裡，也許你有點好奇：

「冷漠的、想要空間的人，具有親密恐懼的困難，這我能夠理解；但是，想要愛的、要更親近的那方，為什麼也是具有親密恐懼的困難呢？」

什麼造成親密恐懼？

親密感，是我們和重要他人連結時會出現的感受。這個感受，會帶來安全感與幸福感，也是我們在關係中不停追求的感受。

人們第一次感受到親密感，是與父母或主要照顧者，那是人生第一份親密關係。**如果在這段關係中，我們在摸索、展現自己的同時，也能感受到對方的回應、愛、照顧、保護與理解，能夠確定：「我需要的時候，你會在那裡，用不批評我的方式愛我與保護我」**。用依附理論的角度來看，這樣的孩子，很可能擁有較為安全的依附關係，在關係中願意展現自己、表達感受，也能夠比較自在地享受親密感。

但若在成長的過程中，父母或主要照顧者在對自我需求的表達、情緒的理解與處理有限制，就會影響我們在關係中的親密感。

例如，若父母有這方面的困難：

◆難以接受他人的感受，也難以表達自己的。
◆情緒不穩定，不清楚自己的感受，時常以暴怒展現，甚至將情緒丟到孩子身上。
◆長期缺席在孩子的生命中……

這些感情上的忽略、對自我或他人感受的不理解，以及情緒承受力低……都會使得孩子在成長的過程中感到不安與危險；因此，孩子會開始使用一些方法來保護自己的內心，因應不安全的環境，讓自己真正的感受不要展現，或是以滿足他人的需求為主，如此，才不至於被傷害或是有危險。

但在這樣的「自我保護」下，會讓我們離真實的自己、真實的感受越來越遠，面對可能是「威脅」的父母，也會讓我們用保護自己的方法去因應，因此，更難以與父母建立親近、有親密感的關係。

為什麼難以產生親密感？

我曾經見過一個狀況：

一個五歲的孩子正在哭泣，他的玩具摔壞了，媽媽很激動地對他說：「這到底有什麼好哭的！你再哭，我以後再也不會買玩具給你了！」

對這個媽媽來說，她或許並不是真的想對孩子生氣，但當她看到孩子的哭泣時，她的挫折感立刻升上來，這使得她用「生氣」來對應這個挫折感，並且想用憤怒與懲罰（以後不會再買玩具給你了）停止孩子的情緒——那個帶給她挫折的對象。

當然，身為旁觀者，也許可以想到五百種比這個媽媽更好的應對方法：擁抱孩子、好好陪伴孩子、理解孩子的情緒……

但，重點其實不僅是在：「為什麼這個媽媽做不到好好應對孩子的情緒？」

而是：為什麼當孩子有這樣的負面情緒時，媽媽的反應會如此激烈？

為什麼孩子有負面情緒時，媽媽會這麼快被影響、出現挫折感，然後如此快速反應、對孩子感到生氣，甚至要因而懲罰孩子？

這或許就跟這位媽媽從小如何被應對情緒有關。

認為「負面情緒是不好的？」

如果這位媽媽，從小就在「負面情緒是不好的」的家庭中長大，當有負面情緒時，父母總是會對她生氣，因而被父母懲罰，那麼，她就沒有理解自己情緒的機會，也沒有在自己情緒失控時被包容、接納的經驗。

對她來說，「負面情緒是不好的」，這個想法就會存在她的心中。

當父母因為她的負面情緒而生氣、責罰她時，也代表著父母把自身的挫折感丟到孩子身上。當父母難以理解自己的情緒，也難以接受孩子的情緒時，代表著父母面對需求、情緒等真實自我，是陌生且手足無措的，因此對於自己與孩子的「真實自我」，也就是真實的感受與需求，難以接納與理解，因此，彼此之間的心靈距離就因而產生。

因為，當我們無法展現自我真實與脆弱的部分時，那麼，**難以真正理解彼此，就難以產生親密感**。

以這個媽媽為例，當孩子出現負面情緒，**她的生氣**，是用來對應孩子的負面情緒，**也是用來保護自己，保護那個面對孩子的憤怒，而感到無能為力的脆弱內心**。

但若小時候從未被引導過理解自己的情緒，我們會發展出各種因應無力感、脆弱感場景

的生存策略，但卻無法了解自己內心的真實感受是什麼，自然，也沒有機會了解對面的人的真實感受，因此，親密感自然難以形成。

被忽視的「真實自我」，讓親密感難以產生

很多時候，當父母缺乏注意、聆聽孩子的感受與需求，不擅長處理情緒，也習慣壓抑需求；甚至為了內心的安全感、可控感，因而在家庭中，無意或有意間，塑造出一種：「這個家就是只能按照我的規則走、沒有任何彈性」的氛圍時，**孩子為了生存，會放棄希望自己被理解的親密感**，反之，會讓自己盡可能發展出一套，能夠在這個規則下生活的「生存策略」，用來讓自己順從這個規則，以此換得關注與照顧，用以得到生存所需的安全感。

簡單地說，那就是：

我們在成長的家庭中，學會用自己的「生存策略」，來獲取有限的愛、關注與照顧，而並非透過彼此的交流、真實自我的展現與被接納，以及同理和尊重，以獲得親密感。

因此，我們沒有機會認識父母真實的自己，父母內在的真實感受讓我們無法捉摸；我們也無法認識真實的自己，因為從父母對孩子的「鏡映」中，我們看到的，都是父母「希

望我們成為的樣子」，而不是我們「真實的樣子」。

於是，所形成的「獲取關注的生存策略」，讓我們相信，唯有用這樣的策略，才能在關係中稍稍得到自己想要的東西，才能夠讓我們能擁有一點安全感。

✤ ✤

回到最前面舉的例子：

「為什麼不帶我出去玩」，這句話，展現了用「生氣」指責對方、獲得關注或是可獲得對方的抱歉，因此讓自己的需求能夠達成，這是生存策略。

但是，這個女孩想說的，或許是：

「最近我們沒有太多相處時間，我很希望能多點時間和你相處，因為你對我很重要。」

這才是**女孩真實的需求與感受**。

矛盾的是，**這個女孩會找的對象，可能是「能讓她使用這個生存策略」的對象**。也就是說，她找的對象，幾乎很可能是讓她總是可以指責、抱怨對方與自己相處時間不夠的人。

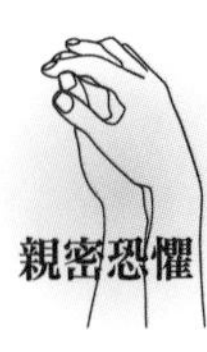

展現真實脆弱的自己，是危險的事？

要理解並說出自己內心真正的需求，並不是容易的事，特別是若從小沒有理解自我的空間，也沒有表達自我並且被接納的經驗，「展現真實脆弱的自己」，雖然是增加親密感最重要的事，但對許多沒有這樣經驗的人，這卻也是最危險的事。

「若不能被理解，甚至被拒絕、被嘲笑，那該怎麼辦？」

「若對方沒有回應，怎麼辦？」

那會造成許多難以忍受的感覺，**過往與父母經驗到的受傷、冷漠的感覺會排山倒海出現，那就是一種「情緒重現」**[1]，使得我們淹沒在情緒海嘯中，希望趕快抓住一個浮木。

而，對孩子的我們來說，「生存策略」就是讓我們不被當時強大的挫折感、受傷給打敗的浮木，也能有效緩解「情緒重現」時的關係焦慮。

當然，在過去的經驗中，這樣似乎也能有效讓我們獲得關注與照顧，又或者，至少可以減緩自己被傷害的機會，或是失望的感受。

因此，使用生存策略去面對這樣的場景，就成為比較安全的方式。

而這些生存策略，幫助我們「感到安全」，卻也造成了我們遠離互相理解的親密關係，形成了不同樣貌的親密恐懼。

不安全感與親密恐懼息息相關

「之前談的幾次戀愛，時常爭吵，甚至遇到對方劈腿，因此，戀愛過程，幾乎都在懷疑、痛苦跟眼淚中度過……最近我交往的對象，跟以前的對象相比，願意給我很大的安全感，而且理解、尊重我，我們的相處是舒服的。但不知道為什麼，關係越平順，我越不安，我開始會想找一些蛛絲馬跡，和他吵架、懷疑他。朋友都覺得我『沒事找事做』，我也不想這樣，但我就是停不下來……」

「在結婚前，我是個『情場浪子』，對象換過一個又一個。後來，我遇到我老婆，和她在一起，我感覺到心靈很平靜，這是我從來沒有過的感覺……所以，我想要跟她結婚，希望跟她組成自己的家，這也是我一直很嚮往的感覺，而遇到我老婆以前，我以為這是不可能的事……結婚之後，她仍然很好，一切似乎都很棒，但不知道為什麼，我心裡開始不安分了起來，突然很想去認識新的女生、出軌……我一直克制內心的這個衝動，這是不是所謂『人性的劣根性』？」

1 關於「情緒重現」，我在《羞辱創傷》一書有做相當篇幅的說明，有興趣的讀者可參考此書。

很多因不安全感受苦的靈魂，在曾經苦痛後，**即使在幸福裡，也沒辦法好好享受親密；越幸福，越擔心**「這幸福是不是有天會消失？」或是「怎麼可能這麼幸福？我一定有事情沒有擔心到！」

於是，我們被「不安全感」給綑綁了，只能享受三秒的幸福，然後，惶惶不安，不停地想找出蛛絲馬跡，去證明：「絕對沒這種好事，我怎麼可能可以這麼幸福？」

甚至，內在有一股驅力，逼迫自己，親手斬斷這樣的幸福。

在最幸福的時刻，做出傷害別人、傷害自己的選擇?!

實際上，這種「不安全感」，與對自己的看法與內在的親密恐懼有關。

一旦，我們無法相信：

「自己是夠好的、是配得上這個幸福的；因為這個人、這個世界對我是安全的，我不需要這麼擔心害怕」時，

即使在想要的幸福裡，我們仍容易惴惴不安，擔心幸福消逝，然後找出一大堆小到不行的「徵兆」來考驗這個得來不易的幸福。

或是，在最幸福的時刻，做出傷害別人、傷害自己的選擇，以此證明：

◆「我是不配獲得幸福的。」

◆「怎麼可能，會有人愛這樣的我，這一定是騙人的。」

◆「老天怎麼可能對我那麼好，這一定是假的。」

這種對自我價值的懷疑，以及「害怕被遺棄」、「害怕被背叛」，覺得自己永遠「得不到想要的愛」……等親密恐懼，影響了我們的感受、想法與行動，也形成了我們的愛情腳本或人生劇本。

於是，這些腳本、劇本不斷重演，而我們都不知道，發生了什麼事。只是誤以為，是我的人生特別坎坷。

✤ ✤

讀到這，或許你會發現你、我的矛盾：

我們時常渴望親密，又害怕沒有回應，因為沒有回應會讓我們受傷，**甚至引發過往與父母挫折經驗的「情緒重現」**，造成巨大的不安全感；我們想盡辦法要避免這個狀況的發生，卻又渴望親密感，**因此發展出「生存策略」**，用以自我安撫、增加安全感，也讓自己能夠

抵擋出現情緒重現時的淹沒感。

但是，所發展的這些策略，原本是為了保護我們的真實感受不被傷害，卻也讓真實的自己不被看見；因此，我們無法用真實的自己建立親密關係，在這樣的過程中，內心可能覺得不足、不對勁，卻不知道哪裡出了問題。

於是，使用生存策略，我們或者安撫了焦慮、得到暫時的安全感，卻沒辦法處理內在的恐懼。

我們不知道為什麼，在親密關係中，總是害怕著太靠近對方，或是總害怕著對方覺得自己不夠好、會拋棄我。

甚至有些時候，我們明明處在一段夢寐以求的關係中，卻做出了很多傷害感情的行為，例如懷疑對方、疏離對方、背叛對方……於是親手斬斷了屬於我們的幸福。

到頭來，你、我卻不知道發生了什麼事。

不論看起來是追著愛的、逃著愛的，都努力隱藏著真實的自己，也失去了認識真實對方的能力。

而**我們，都在自己的親密恐懼裡**。

對於親密感的迷思

你追求親密感嗎？你是否清楚，自己追求的是親密感，還是安全感？而這個安全感的追求，是幫助你變得與伴侶更親密，還是其實更疏離呢？

以下，我想和大家分享幾個關於討論「親密」可能會出現的迷思，也讓我們有機會重新想想：

- 我所想要的關係是什麼？
- 我真的能享受親密感嗎？還是，其實我也困在自己的親密恐懼中呢？

對我很好就是愛我：照顧就是愛？

不論是愛情關係中，或是電視劇、偶像劇的呈現，特別如果是女性，常常會出現一種說法：

「你為什麼愛他？」

「他對我很好、很照顧我。」

很多時候，當感覺到有一個人很照顧我們，會讓人感覺他／她很愛我們，是因為我們從對方的照顧中，感覺到被重視、被在意。

對於過往很希望自己能夠被注意，卻無法獲得這樣的經驗，而時常必須自己照顧自己的人來說，這種「一直把我放在心上」的照顧，其實會讓人覺得安慰、放心，是完全可以理解的。

我看過許多認真、能力很好的女性，當感受到對方無微不至的照顧時，會有一種「我可以不用這麼努力了」的被寵愛感；也有很多在外打拚、辛苦的男性，面對如此照顧自己、重視自己的伴侶，會感覺到放心與安慰。

那種經驗是：自己在過往的童年生活中，很期待大人、父母能夠如此回應、照顧自己的方式。也就是說，如果在童年時，時常需要擔負超越自己年紀需擔負的生活責任或心理壓力；或者是，父母時常吵架，生活常出現危機感，讓自己時常需要憂慮時——

這些**在童年沒有機會好好當小孩的「小大人」們，面對這樣的照顧與注意，很容易會墜入情海**。

不一定動心，但會覺得安心。

「全能嬰兒」的重現

也有一種狀況是，小時候曾受到無微不至的照顧，長大之後，追求的，其實是那種重現的「重視與關愛」；曾獲得完全的重視，甚至是被溺愛的孩子，有時會過度放大自我與需求，遇到能以自己為天，完全投入照顧自己關係的人，就會重新感受到那個小時候與父母的關心，認為這就是愛，這就是建立愛的方式。

只是，那其實是一種「全能嬰兒」的重現，而我們成為很貧窮的人，只能獲得愛，卻不能付出愛。

於是關係，變得單向而僵化，沒有彈性，也沒有選擇。

因為一旦對方沒辦法像我期待的、像我心中（理想的）父母一般照顧我，我就會覺得失望，認為對方不愛我，而出現各種情緒反應，甚至斬斷關係。

但其實，我們在這個單向付出的關係中，對方是用他們想要的方式和我們互動，我們就像沒有選擇的孩子，只能「就他展現的樣子」去認識他，而沒有機會認識更深的他，他也沒有機會認識更深的我們。

因為對他來說，我們就像任性的孩子，要留著我們，只能用這樣的方式而已。

於是，我們誰也不認識對方真正的樣子。

讓人失去自我的「照顧陷阱」

我聽過非常多的經驗，是類似pua[2]的場景：

對方一開始無微不至、非常的照顧，但那些照顧中，總帶有一點強迫跟霸氣。例如：

「我幫你買了一套衣服，我覺得你穿這樣比較好看。」

「那麼晚了，不要出門，不然就是我載你出去，看你要去哪裡。」

「我覺得你的朋友很奇怪，少跟他們見面比較好，我是為你好。」

「你不要剪短頭髮，留長髮比較好看。」

……

或許是因為偶像劇影響，或許也是性別的差異，有些女性對於這樣的「霸氣照顧」，可能會想到許多無法將愛說出口的「霸氣總裁」原型，因此對於這樣稍微干涉、有些限制的愛，接受度其實是高的。

但沒發現的是，在這樣的干涉當中，**對方其實是把我們當成「所有物」**，認為自己的付出，應該能獲得干涉你的意志、想法與自由的權力；從一點一滴地試探你的界限，到全面性地掌握你的生活細節，很多時候，並沒有想像中的困難。

而有些人，就在這樣的關係中，失去了自我照顧的能力，也失去了自我定義、自我肯定的能力。

因為，我們默默地把這些能力交出去了。

✤ ✤

我們沒有發現，在這樣的關係中，所**追求的是那些曾經在童年被照顧與被注意的匱乏感**；因為曾經不夠，所以有了之後如獲至寶，卻無法辨識，那到底是不是我們在關係中最想要的，是不是我們生命中最重要的東西。

---

2 Pua：Pickup Artist。原本是一套幫助不擅長與女性互動的男性的互動技巧，但在後來的發展下，變成一種帶有操控的互動模式，嚴重甚至會傷害對方的自我認同與價值。

而這種極度追求安全感的過程，可能會讓我們失去認識真實對方，以及讓對方認識真實自己的可能，最後彼此追求的，都是那些安全感的假象而已。

愛，就是無條件的包容？

我常聽許多人說：「愛，就是要包容全部的我。」當然，我在之前的書籍已經提過，在討論「愛，要包容全部的我」時，我們要先思考兩個問題：

- 你覺得你可以包容全部的對方嗎？不管對方對你做了什麼？
- 你覺得你可以包容全部的自己嗎？不管你自己做了什麼？

這兩個問題，你、我的答案，或許都不容易是「肯定」的，但，其實這才正常。因為這就是人性，我們會有掙扎，會有自我與他人界限的思考；所有的矛盾，其實都開始於我們與他人之間，到底現在要看重誰的部分多一些，是自己，還是別人？

害怕「真正的自己」沒辦法被接納

但當我們期待「愛，就是要包容全部的我」時，那其實代表著，我們內心裡根本上有著恐懼，恐懼著自己沒辦法被理解、被包容，那種「可能有部分不能被包容、理解」的想法，會勾起我們很大的恐懼與羞恥感。

因為，內心的最深處，我們也對於這部分的自己感到羞恥，覺得自己不夠好，也沒辦法包容這樣的自己，卻也拿這樣的自己沒輒。

於是，**我們理想化自己的對象**，希望他能夠做到我做不到的事，希望他能夠愛我，比我愛自己還多；希望他可以接受我，比我能接受自己的還多。

一旦發現他有猶豫，我們的內心世界崩塌，大哭大叫、恨意滿滿，忍不住攻擊與對他失望。

但其實我們吼的、傷心的、失望的，或許都不是對方，而是**我們在童年經驗中，從沒有得到的，真正無條件的愛、支持、理解與保護**。

如果我們沒有發現這個真相，我們會錯將這樣的「規定」放在彼此的感情之間，用以認真檢視、檢驗自己的另一半，然後，繼續重演對「不夠好的伴侶」失望，也對「不夠好的自己」感到羞愧的過程。

而帶著「愛，就是無條件的包容」的期待進入愛情時，就很可能會出現另一個愛情的迷思，那就是：「只要能找到我命定的另一半，以後就能過著幸福快樂的生活。」

只要找到靈魂伴侶，以後就能過著幸福快樂的生活？

關於這個迷思，讓我想到關於動畫《史瑞克》裡，公主費歐娜的故事。

如果從另一個角度看費歐娜的故事，是這樣的：

一個女孩在童年時遭遇了創傷，她有著父母不喜歡的部分，父母無法接納，連帶著女孩也覺得這樣的自己不好。父母建了心靈的高塔，要求女孩要把這個部分的自己「糾正」、「隱藏」。在與父母這樣的痛苦關係中，神仙教母就像是大眾媒體或社會主流的意識形態，放送著「只要你能遇到王子，從此就能過著幸福快樂的日子」。

「於是，我只要找到自己愛的人、有自己的家庭，我就可以從這個家庭逃開了吧？」在這些被限制、感覺孤單與「我不夠好」的高塔生活中，女孩這樣想著。

於是，帶著這種「灰姑娘情結」，即使女孩可能跟費歐娜公主一樣，擁有蓋世武藝，仍然會懷疑自己的能力，會期望著另一個更強而有力的人來救出自己。

而這，其實是當我們面對父母的貶低與不接納時，會覺得這樣的自己是不夠好的，因此即使自己擁有什麼好的東西，**很容易會找尋一個對象，然後把自己好的部分都投射到對方身上**。

於是，對方總是聰明又強壯，而我卻笨拙而軟弱。

因為，如果我這麼好，我的父母、我的重要他人，為什麼不能接納我呢？

那麼，是不是我找到一個能夠完全接納我的人，我的詛咒（創傷）就能夠解除？

但最終，我想找到的，其實不只是一個能完全接納我的人，而是**希望我真能找到「自己是值得被愛、被接納的理由」**；也許我最希望的，是我的爸媽能夠接納我，甚至，是我自己真的能接納、愛自己。

其實，我真正最想被拯救的是：有人可以告訴我，即使是這樣不夠好的我，也是有價值，也是值得被愛的。

那可能才是我一生的渴望。

有著伴侶卻孤單：避免風險的關係——不依賴，是獨立，還是孤立？

有些人在自己的生命中，很習慣「靠自己」。有這樣習慣的人，常常出現「不期不待，沒有傷害」的心情，因此，即使進入親密關係之後，也很難依賴另一半。

有時候，我們可能在過往的成長經驗，或愛情中受過傷，發現想要去依賴、倚靠一個人，真的非常危險。因為有可能他無法倚靠，甚至他會倒，當他真的倒掉，甚至跑掉時，對我們的心理打擊是很大的。

許多人，或許就在這樣的經驗中，開始不敢依賴，要求自己要獨立，也希望自己的另一半能夠獨立。**認為「把自己照顧好，把自己的情緒也收好，這才是成熟的選擇」**。

但在愛情關係中抱持著這樣想法的人，卻不免在關係中感到孤單。為了讓自己不受傷，所以讓自己不需要別人，也讓別人不要太依賴自己；但是，在這樣的關係中，彼此之間就像有一道牆，那道牆讓我們無法真心的理解對方，也無法放心與對方相處、享受這段關係。

但我們會這樣選擇、要求對方，其實都是因為我們害怕受傷。當我拿掉所有防備，想要好好依賴對方、想要被照顧的時候，如果對方做不到，甚至拒絕我，那種挫折感，就像是孩子被父母拒絕一樣的傷痛，而很多時候可能會再勾起我們過往與父母經驗的痛楚：

「看啊，這世界上沒有人是可以讓我們依靠的，也沒有人可以包容脆弱的我們。」

那是多麼地令人傷心，又多麼令人沮喪的感受。

沒有人能懂我

於是，在我們徘徊在「要依靠，還是要獨立」、「要找到完全能包容我的人，還是不要期待」……的全有全無想像中，很容易會覺得：這世界上沒有真正的靈魂伴侶。我們渴求著能夠「真正懂我」與「真正愛我」的人，卻沒發現，**原來這些希望「無條件地被理解、被接納與被包容」，正是我們童年沒有的經驗**。

因為沒有，所以更容易美化。我們相信：父母是不能選擇的。所以我們用盡全力，想要用自己的力量，選擇一個能夠做到我們內心所有想望的、美化的、愛我們的人。我們相信，只要對方夠愛我，他就做得到我期待的一切，包含我也沒辦法為自己、為對方做到的事情。

而當我們發現這個理想無法實現，現實當中，總是有人不符合我們的期待卻說愛我們，

總有人讓我們愛著卻不想花時間懂我們……於是我們累積了越來越多的失望，那些失望沒有機會被處理，卻可能會沉重地落在每一段、或和現在這個伴侶的關係中。

然後，在每次他沒辦法符合我的期待與需求時，我越來越不想說自己內心的感受與想法，也越來越不想要他理解我，因為那些累積的失望早把我抓住，然後讓我相信了一個內心的聲音：

「沒有人會懂我的。」

這個內在的負面標籤，讓我們感覺更加無力、沮喪、挫折、受傷……然後，就可能更不想說自己。

於是，別人真的就更不懂了。

但我們卻沒發現，內心追求的那個「不用說就能懂我、不用磨合就能配合我」的理想伴侶形象，是多麼理想、不符合現實，也忽略了對方是一個獨立的人，有他的需求與感受，不是為了我而活。

抱持著理想伴侶形象的我們，正在滿足著那個過往一直沒有被滿足的內心孩童，他哭喊著、要著的東西，正是我們內心的黑洞。

用「條件」與「功能」找伴侶

於是，當發現這世界上所有人都會讓我失望，但我仍然有親密需求時，尋找伴侶的過程，我們就會「學到經驗」。有些人學到的經驗，就是「用條件找伴侶」。只要伴侶符合我內心的這些外在條件，或是能做到符合我生活的想望與需求，應該就沒問題了吧？但慢慢地，我卻發現，即使滿足了我所列下的那些條件，我總是對伴侶有些不滿意，那些不滿意，有時難以言喻，可能看似很小的事情，卻讓我很容易對這段感情失望，進而分手。

而當我這樣挑選對象時，我也很容易覺得，對方會選擇我，並不是因為真的愛我，或是欣賞我這個人，而是因為我做得到的事、我所擁有的外在條件，因此，對於和我在一起的伴侶，我幾乎很難產生信任感跟深度的感情連結。**不管兩人關係再好，我心裡總有種「他只是看上你的——」（空格中可置換成各種條件）**，於是對他，我總是有個距離，內心很難擺脫那種被當成物品利用的剝削感。

也有可能，我一開始因為某些條件和對方在一起，在我的眼中，對方就是我最理想的白馬王子或白雪公主，但隨著交往一久，我發現對方不是我內心期待的樣子，不過我仍然

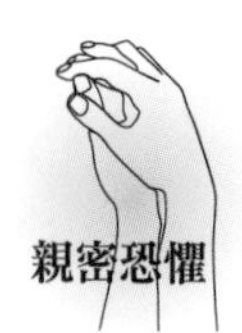

努力配合著對方，希望藉由我的努力，關係就可以回到一開始理想的樣子，他也能夠變回原本的理想情人；但花了好多時間，我發現不管我再怎麼努力，似乎都沒有用。

原來，因為他一直以來都不是我內心的那個理想情人，但我極度渴望他是。

你的愛，是尋求安全感（擺脫焦慮），還是追求親密感（互相理解）？

讀到這裡，你或許已經發現了：

大部分**我們對親密感、對愛情的迷思，其實多半源自於我們的「不安全感」，而這個不安全感，又與內心的「親密恐懼」息息相關**。因此，我們努力追求一套「邏輯」，這套邏輯可以幫助我們篩選伴侶、決定愛情的模樣，以讓我們相信：用這樣的方式與標準，可以得到童年沒有獲得的愛與安全感。

但我們卻沒有發現，所追求的這些「標準」其實是有問題的；因為這些標準很清楚，全有全無且沒有彈性，這種「確定感」，常常是我們帶著不安全感、不相信自己的能力時會追求的；而這種僵化的「確定」，只能讓我們擺脫暫時的焦慮，獲得暫時性的安全感，卻沒辦法讓我們在關係中真正地認識彼此，建立成熟穩定的關係。

因為，人是複雜的、有各種樣貌的，不可能符合任何人的「全有全無」標準。就如同伴侶：

- 他可能有些情況不能理解你，但一定也有能理解你的部分；
- 他可能有些情況不能支持你，但有些時候又能給你一些溫暖。

如果我們一直陷在自己的不安，會退回很本能的反應，只希望在關係中獲得自己理想樣貌的「安全感」；於是，只要對方不是如我們期待般的回應，我們就判定為「不安全」，然後，我們又誤解了，以為這樣的安全感，就是愛。

但愛啊！有太多互相理解的部分。強迫希望對方按照我們要的方式給予安全感、對待我們，那其實是內在不安所造成的控制行為，而這樣建立的安全感，有時可能會脆弱而難以維持。

當然，並不是所有的「說出自己的需求」都代表是要「控制對方、索求安全感」的模式。一旦我們不夠清楚內在的感受，不知道如何表達，讓對方可以回應；於是就可能會選擇以行為去要求、控制對方，藉此獲得暫時的安心感。

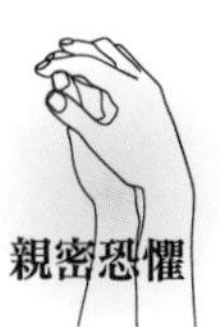

而這些「行為」，其實就是源自於親密恐懼，為了生存與安撫焦慮，於是因應而生的「生存策略」。

從童年開始出現的親密恐懼與生存策略

在《羞辱創傷》一書中，我花了很大的篇幅討論「生存策略」以及其對我們的影響。事實上，**童年重要他人對我們的照顧經驗、與對方的關係，常常形塑出我們對於親密關係的想像**。

如果童年的經驗是安全的，不需要很努力才能獲得愛，我們在關係中的策略選擇，其實就會較有彈性，且更能去聆聽對方的需求，以及理解自己的感受，不會總受限於自己的想像中。

但如果童年的關係經驗，是不安的、被忽略的，被嚴厲的對待，甚至是被情感或肢體虐待、父母消失在生命裡……這些創傷，都有可能成為不安的源頭，讓我們在建立自己的親密關係時，一旦出現壓力事件或衝突，就很容易用自己過往的生存策略去因應。

戰、逃、僵、討好的「生存策略」

曾有過關係創傷的人，在壓力底下的生存策略，時常是被焦慮攫住，因此常以「本能」作為生存策略的反應基石，因此，最常見的策略種類就是大家常聽到的：

戰、逃、僵、討好。

◆ **戰**：有些人會用攻擊指責來面對關係中自己的失望與不安。

◆ **逃**：有些人會幫自己築牆，例如工作、嗜好、電動、不直接面對處理關係問題等方式，來讓自己免於被傷害、降低焦慮。

◆ **僵**：有些人用沒有反應、沉默、藥酒癮、減低接觸等方式，讓自己可以不要有感覺，因為他覺得自己在關係中是無力的。

◆ **討好**：有些人用討好他人、滿足他人的需求來讓自己獲得暫時的喘息，不至於失去關係而又能避免被傷害與衝突。

所以你會發現，其實「僵」和「討好」，有點像「逃」與「戰」的變形。但不管我們用哪一個策略去因應，這樣的策略雖然暫時有效，但在親密關係裡都會出現一個很大的困

難，那就是：

當用重複的生存策略去因應關係，只為了活下去時，**這些策略只幫助我們解決表面的焦慮，卻沒有辦法更清楚自己與對方的內心，也沒辦法進一步地去討論、妥協、包容、理解，深入我們彼此的親密關係。**

只是，童年到底如何影響我們對親密關係的想像？而我們的生存策略又是因為何種「親密恐懼」而形成的呢？

接下來，我們將討論童年對親密關係的影響，以及親密恐懼的模樣。

童年經驗如何影響我們的親密關係

親密感與依附關係

談到親密關係的建立，幾乎一定會被提到的，就是約翰・鮑比（John Bowlby）所提出的依附理論。

依附理論十分強調連結，也相當看重在嬰兒與童年時期，與父母（或主要照顧者）的情感連結與互動。在以依附理論為基礎的治療學派：EFT（情緒取向治療）認為，一個好的依附關係，與三個要素有關，這也是建立親密感的重要元素[3]：

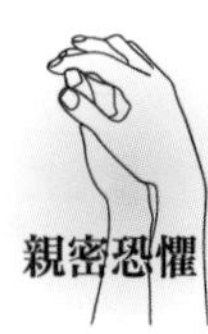

1 可親性。

2 回應性。

3 情感投入程度。

也就是說，

◆ 當我需要你時，我能夠確定你會在那裡（**可親性**）；

◆ 你會注意、回應我（**回應性**）；

◆ 以及你對我，以及我的感受是重視且在意的（**情感投入程度**）。

當關係中的這三個元素是穩定、可預期地出現時，關係的親密度與安全感自然會高，而我們對於關係的理解、對於他人與世界的想像，也會偏向**正向**（**他人是會回應我的**），對於自己，當然好感度會升高，也會有較穩定的**自我價值**（**我是被在乎、被重視的**）。

當我擁有一個健康的依附連結，成為「安全依附」的可能自然高很多。不過，為什麼擁有良好的依附關係，可以增加安全感呢？這時我們就要回頭來看「安全感」所代表的意義。

童年時期，我們若有獲得安全感，指的是：

需求是被滿足的、我是被撫育的，重要他人會出現照顧我。

當我有情緒感受時，是被注意、被回應的，重要他人會安撫我的痛苦。

重要他人的注意力會在我身上，我可以感覺自己是重要的。

因此，若我在嬰兒時期或者是童年時，獲得了相當的安全感，這會增加我對世界的信任：「我痛苦的時候不用自己承擔，我可以依靠別人，會有別人對我伸出援手」，**也會增加我對自己的信心**：「我想我應該撐得過這段痛苦的時光，而且會有別人願意給我愛、支持我。」這就會增加我們的自我感覺良好。

3《情緒取向治療全解析》，蘇珊．強森著，劉婷譯，張老師文化。

關係中的依附類型

但若在童年的經驗中，與父母等重要照顧者，因為某些原因，沒有感受到自己的情緒被重視、被回應，感覺不到自己對父母的重要性，甚至時常必須去「服務」父母的感受與需求，以求讓自己的生活平順、不被威脅時，就很有可能會帶著一些未滿足的情感需求，加上個人的氣質，形成了不安全依附的狀態。

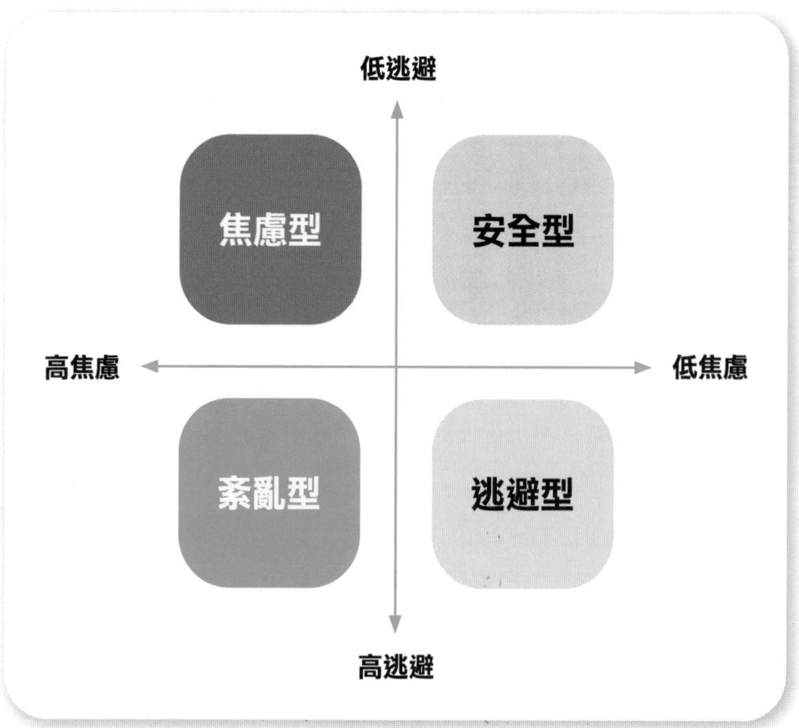

※ 引用自 Kelly Brenna 成人依附風格類型[4]。

不安全依附的類型，可能已經有許多人聽過，包含焦慮依附、逃避依附，或是混合型等。不過，許多研究指出，這些依附類型並非一個「決斷的分類」，而是在象限上，比較是移動或是偏向的狀況。

而這樣的象限分類，主要在強調兩個特質：

一、對關係的高焦慮或低焦慮。

二、對關係的高逃避或低逃避。

因此，對關係的焦慮度沒那麼高，但是逃避度高的，可能會偏向「逃避依附類型」；對關係高焦慮，但是低逃避的，可能會偏向「焦慮依附類型」一些；若對關係既焦慮又逃避的，可能就是偏向混合型（Brenna將其稱作紊亂型，其依附行為表現可能非如此典型）。

不論是焦慮依附、逃避依附或混合型，呈現著各自的樣貌與型態，因為**依附類型只是一種「我對關係的想像」以及「關係對我生存的意義」的一種展現**，但面對這些內心的需求，

4 Brennan, K. A., Clark, C. L., & Shaver, P. R. (1998). Self-report measurement of adult romantic attachment: An integrative overview. In J. A. Simpson & W. S. Rholes (Eds.), *Attachment Theory and Close Relationships* (pp. 46-76). New York: Guilford Press.

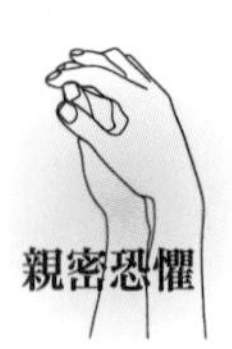

我們仍然可能會出現不同的依附行為：

例如，雖然我對關係是焦慮的，但是我認為衝突會傷害關係。因此，即使我的依附類型可能偏焦慮依附，但我可能會使用討好，或是逃走的方式，用類似「逃」的依附行為，處理關係中的衝突或失望[5]。

不安全依附類型，都與孤單、關係中的失落有關

不過，不論是哪一種不安全依附類型，都與孤單、關係中的失落有關。而這些失落，會在我們的內心產生傷痕，使得內在一直懷抱著一些未滿足的情感需求，就像我們一生的「未竟事宜」一樣。

而這些情感需求，如我前文所說，與原生家庭、主要照顧者和我們的互動有關，在這樣的互動與環境中，加上個人的內在解釋，**形成了一套我們解釋這些傷痕、看待自己與看待世界的方式**。

這些內在解釋，形成了難以撼動的「內在信念」，這些信念，就像是我們的「詛咒」一樣，卻也是你我用以生存的依據。我們的心會依據這樣的生活經驗與內在信念，出現

一個解釋自我、解釋他人行動與解釋世界的「框架」，讓我們在遇到創傷、挫折或不熟悉、難以忍受的事情時，提供一個「解釋」，讓面對不確定與難以控制情況的我們，獲得某方面的安慰與安全感。

即使這個解釋其實會傷害我們：傷害自我價值，傷害對自己、對人與對世界的信任；但好像有這個解釋，就能讓我們知道可以怎麼因應內在的痛苦。

這就是為什麼，**即使這樣的內在信念，可能會傷害我們、失去關係，但我們仍然抓著不放的原因**。

因為，若沒有這個「穩定的解釋」，我們沒有辦法去對抗那些不穩定的傷害與恐懼。

也就是說，這個信念，是幫助不安的我們，可以找到一個依憑的方式，去解釋現在這個狀況，並且找方法活下去的「生存策略」。

5 這部分也與個人的生存因應策略有關，後面我會再詳細討論。如果對依附類型、依附行為展現有興趣的讀者，可參考《越愛越痛？我們的關係出了什麼錯？》石瀝新著，今周刊。

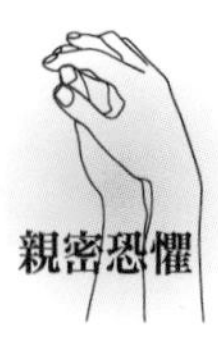

童年對形成「內在信念」的影響

在成長的過程中，我們會因為與他人互動的經驗，從他人對待我們的方式、環境的狀況，形成了一個對自我、他人與環境的解讀，這就是我們的內在信念，又或者，有些諮商學派會將之稱為「內在運作模式」[6]或「基模」。

因此，這個「信念」，是我們對自我與他人看法的形成，有時，可能根源於我們內在的恐懼與信念：

例如，經驗過「被遺棄、被拒絕恐懼」的孩子，感受過孤單、不被喜歡，甚至被討厭、被丟棄的痛苦感受，因此，為了避免這樣痛苦的感受再度發生（避免情緒重現），必須要找一個理由解釋這個感受：

- 我害怕被遺棄（恐懼），而我可能是會被遺棄的（信念）
- 一定是我不好、我很糟糕，才會被遺棄（理由）。

◆一定是因為我做不夠多，所以才會被遺棄（理由）。

……

而這些理由，就是我在《羞辱創傷》一書談到的：**內在負面標籤**。

「生存策略」讓我們得到熟悉的安全感

面對這個無控制感、不能帶給我們安全感的環境，擁有這些理由，即使會傷害自己，但是卻讓我知道：以後遇到這種狀況，要如何因應，要如何讓我的身心，都處在準備好因應這個恐怖情況的狀態。

因此，基於這樣的基模與內在負面標籤，我們會生出不同的生存策略，也就是如同自動化反應的：戰、逃、僵、討好，幫助自己去因應會讓我恐懼，引發生存焦慮的危險環境。

例如，以「會被遺棄」這個信念來說，會使用「戰」策略的人，可能會想盡辦法讓這樣

6 「內在運作模式」的概念，可參考《情緒取向治療全解析》一書。

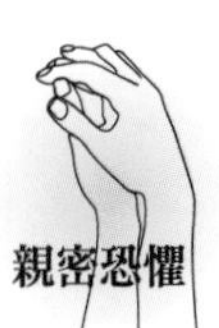

的恐懼不要再發生，所以出現這樣的焦慮與感受時，他可能會用控制別人，甚至攻擊指責、情緒勒索的方式，讓對方留在身邊，回應自己的需求。

用「逃」的人，可能會讓自己表現得非常良好，讓自己可以倚靠自己生存，不要太依賴他人，如此就不會感受到這樣的困境，也不再需要面對、處理這樣的恐懼。

「僵」的生存策略，可能會讓自己麻痹無感，認定「我就是會被遺棄的」，減少與這個世界的連結，甚至讓自己掉進物質依賴的深坑中。

而「討好」的策略，可能會讓我們過度犧牲奉獻、沒有自己，以讓自己可以獲得愛，即使遍體鱗傷。

也就是說，如前面所提，為了要獲得控制感，我們寧可會選擇讓自己覺得痛苦的解釋方式，而所謂的「生存策略」就因應而生；這樣的解釋，又會讓我們得到熟悉的安全感，因為這是我們在最痛苦時候，賴以為生，陪伴我們度過痛苦的「理由」。

而有時候，人啊，在生活裡，只要能找到理由，似乎就可以再撐下去一點點。

這也就是為什麼，這樣的內在信念與內在負面標籤，總是在遇到重大挫折與壓力時出現，打擊我們甚深，我們卻無法放棄。因為，這是過往學到：在遇到無控制感的環境中，唯一可以快速帶給自己安全感的方法與經驗。

✤ ✤ ✤ ✤

讀到這裡，或許你發現了：

似乎，我們很需要對現在的境地給自己一個解釋，形成自己的內在信念，因為這個「內在信念」的存在，有一個非常重要的功能，就是為了幫助我們避開「危險」，而這個「危險」，就是引發恐懼的事物。

而這個根本、核心的恐懼，就是**在親密關係中，我們時常抓著不放的東西**，因為放手，可能會受傷，而我們的身心，都牢牢記得那些小時候讓我的心好痛、好痛的事物。

但當我們抓著這些恐懼不放，因而形成內在信念與負面標籤時，這些難以撼動的信念與標籤，卻又傷害我們的關係。

這些恐懼，就是「親密恐懼」的樣貌。

接下來，我會跟大家分享幾種最常影響我們的「親密恐懼」，是如何促使我們形成內在信念與生存策略。

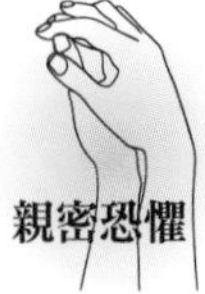

親密恐懼的樣貌

親密恐懼、內在信念／負面標籤、生存策略與愛情腳本的關聯

與父母的關係中，我們會感受到自己的需求是否被滿足，例如渴望被重視、渴望被愛、渴望被照顧被理解、渴望穩定與安全……當這些需求沒有被滿足，**這些沒有被滿足的需求，成為我們對親密關係的未竟事宜，也會形成我們對自己、對他人與對世界的看法**。

例如，若我在童年時，時常感到被忽略、不被重視，我可能有著「渴望被重視」的未滿足需求，我也形成了對自己、對他人的看法：我是不重要的，他人是會拋棄我的。

這些看法，成為我的內在負面標籤。那些沒有被滿足的、「渴望被重視」的需求，又成為我在關係中的「未竟事宜」[7]，讓我在關係中尋尋覓覓，就是想找到可以滿足這樣需求的關係。

一旦在關係中，又出現這樣的「未竟事宜」的感受，讓我感覺自己不被重視，內在的負面標籤就會開始運作，讓我感覺到「自己是不重要的」、「別人是會拋棄我的」，而這些感受，就會啟動我「害怕被拋棄」的親密恐懼，而這些內在負面標籤、親密恐懼，形成了

重複的愛情腳本

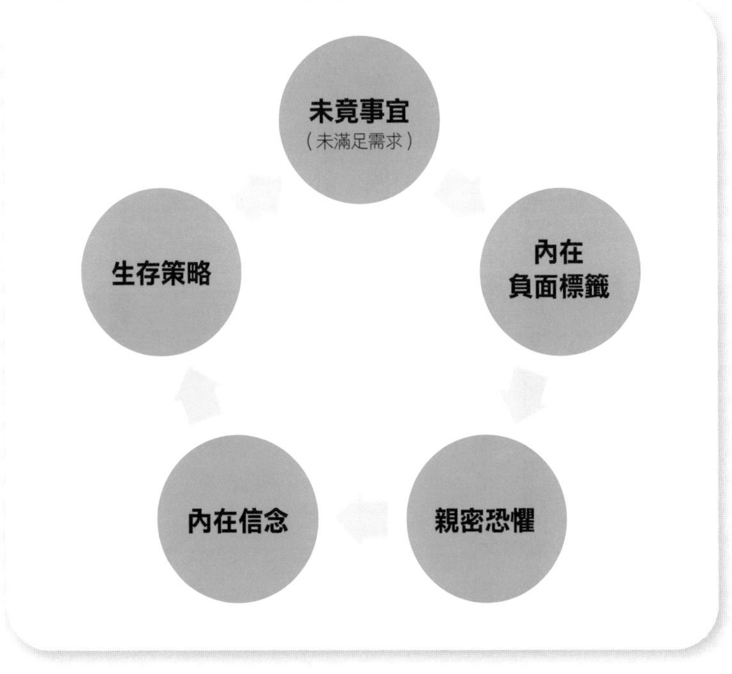

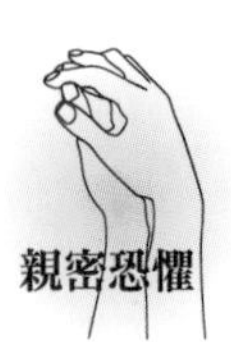

我自己的一套「內在信念」，也就是我解釋自己、解釋他人的負面看法，於是我可能就會做出一連串的「生存策略」，去因應「親密恐懼」造成的各種負面感受對我們的影響。

然而，這樣**從親密關係中的未竟事宜與過往形成的內在負面標籤，引發親密恐懼後形成的內在信念、生存策略……**這整個有些自動化的循環，其實**就是我們內在重複的愛情（親密關係）腳本**。（見七十一頁圖）

✤ ✤ ✤ ✤

也就是說，親密恐懼，其實就是我們內在對親密關係的未竟事宜，以及為了這個未竟事宜所形成的一套解釋（內在信念）所定義的一個結果：在關係中，我們定義出，自己「最害怕這個」，也最渴望不再有這樣的恐懼感。

但為了逃離這樣的親密恐懼，所做的生存策略，卻可能無法滿足我們的需求，甚至更讓我們對愛、對關係感到飢渴或失望，而與親密恐懼的連結更深，形成一種交互加強的狀況。

在此，我整理出最常見、最容易影響關係的親密恐懼，來說明它們是如何影響我們的信念：

一 被遺棄的恐懼

被遺棄的恐懼，幾乎是我在實務工作與日常生活中所發現的，大部分的人都帶有的恐懼。用生存的角度來說，如果小時候沒有生存能力的自己被遺棄，就代表著我們會無法生存下去，因此「被遺棄」會引發最大的情緒反應，似乎也能夠理解。

童年的影響

討論被遺棄恐懼時，或許你會想到：

小時候有被遺棄的經驗；成長的環境沒有安全感、不穩定，或是不受父母歡迎、沒有感

7 未竟事宜：「指未能表達出來的情緒或感受，如：怨恨、憤怒、痛苦、焦慮、悲傷、罪惡感、遺棄感等。未被充分覺知的情緒，會徘徊在背景中，並以許多可能的方式於當下的生活中浮現，干擾生活中與他人的接觸連結。直到當事人願意面對並處理未能表達的情緒感受後，未竟事宜才會過去。」引自《諮商與心理治療》，Corey, G.（2017），修慧蘭、鄭玄藏、余振民、王淳弘譯，雙葉書廊。

覺到父母的愛等等。

這些的確有形成「被遺棄恐懼」的可能。但也許你同時會發現，有些人有類似的經歷，但他似乎沒有明顯的「被遺棄恐懼」。

又或者，你可能會懷疑：「我沒有父母離開自己的經驗，但為什麼我卻有極大的被遺棄恐懼？」

因此，回過頭來，我們必須理解童年經驗對「被遺棄恐懼」的最大影響，那就是以下兩個重點：

◆我感覺到環境與人的無法掌握——失去基本安全感。

◆我感覺到自己不被重視——缺乏情感連結、支持與保護。

我感覺到環境與人的無法掌握——失去基本安全感

「感覺到環境與人的無法掌握」，指的就是我們會感受到身邊的人、環境是無法預測的。

例如：我可能隨時非自願地被送到別的地方生活、無法預測地更換身處的環境，或是主要照顧者的情緒難以掌握、照顧不穩定等。

最常見的，就是重要他人無預警地離開，包含父母消失在我們的生命中，不論是因為離婚等原因，或是離世。

即使離世是一個父母「非自願」的理由，但對孩子來說，「重要他人突然離開、再也看不見了」，那種失去、被剝奪的感覺，很多時候，會一輩子跟著自己。

對方多重要，感受就有多痛。

於是，那種「我的重要他人，很可能會離開我，我可能會被丟下」的這種被遺棄恐懼，就可能成為難以言喻的感受，深深埋在我們的心裡。

當然，即使有同樣的經歷、性格特質，以及我們是如何解釋這個經驗的，是這個經驗如何影響我們的重要原因之一。

如果我是一個對環境變化較為敏感，容易將周圍變化歸因為自身的孩子，我對於環境的改變，或是可能改變的線索會特別留意，也會因而出現更明顯對應的情緒反應，**這些情緒反應都可能會成為一種創傷記憶**，被我們留在大腦深處中，希望幫助自己不要再因此受傷。

對許多孩子來說，感受到環境的變化與他人的離開，最難消化的，是那種「無力感」，也就是：

我似乎無法對現在的處境做出任何有幫助、可改變的行為。

帶著這種無力感，會更覺得不安、焦慮，對生活也有更大的失控感。因此，為了生存、增加控制感以得到安全感，**我可能會將父母的離開、環境的變化，解釋成跟自己有關：**

「因為我不乖，所以我被送走。」

「因為我不夠好，所以父母離開我。」

……

這些解釋，其實都是為了要獲得控制感。

因為，一旦理由出在我身上，我就有辦法調整與控制；但如果找不到理由，或是這一切是被別人決定的，這種「難以控制」的感覺會讓我害怕，更難有安全感，更有礙於我的生存。

這也是為什麼，有許多孩子在遇到童年的創傷經驗時，必須把這些事件發生的理由，歸因在自己身上。

我感覺到自己不被重視——缺乏情感連結、支持與保護

有些人可能會發現，童年並未有父母缺席的經驗，他們似乎都在身邊，但不知為什麼，自己卻有很深的、害怕被遺棄的感覺。

很多時候，這是**因為我們在與父母互動的過程中，缺乏情感的連結、支持與保護**。

當我們沒辦法從父母身上得到想要的情感回應；我們感覺不到父母的重視，或者是，時常會覺得父母更重視其他的人、事、物，例如更重視工作、其他的手足……

我們也可能覺得自己的感受、想法不被重視，發現父母很難接受我們的性格或表現。他們希望孩子以他們的感受為感受，以他們的想法為想法，在孩子說出感受與想法時，常常不會得到被支持的回應。

或者，我們會感覺時常被忽略，遇到事情或危險時，我們會認為「我只能靠自己」，我沒有被保護，可以依靠別人的經驗。因為當我情感上有需要，或實際上遇到危機時，父母不會回應、保護我，他們會讓我們失望。

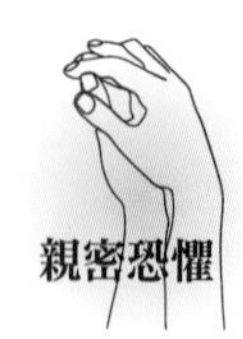

而我們將這樣的失望，解釋成「是因為我不重要」。

這種「我不重要，所以我會被遺棄」的感覺，有時候更為深沉，難以發現。因為面對這種情況，有更多孩子會延伸，形成一套「那我如何讓自己變得重要」或是「那我就不依靠你，避免被遺棄」的生存策略，去避免那些受傷與恐懼：

「我不要感受到自己對你不重要，我就不會受傷。」

或「我不要感覺我需要你，我就不用害怕。」

於是，我們可能汲汲營營於「請覺得我重要」，而無視於對方是否能夠回應我們的需求與親密感，或是逃避建立重視彼此的親密關係。

我們也可能不懂得保護自己，難以建立界限，因為我只能用犧牲的方式被重視，或是用拒絕別人的方式，來讓自己不用再次感受到不被重視的感覺。

不論是哪一條路，都只是我們為了保護內心的小孩，不要再次經驗到那種恐懼，那種四周無人、哭得聲嘶力竭都沒人回應的恐懼與無力。

這當然也就說明，為何我們會下意識地將這些恐懼當成線索，緊抓不放。因為，當過往有過被遺棄的恐懼，我們對於「可能會被遺棄」的線索會過度警覺，因此就會在發現線索時，做出許多行為因應，以避免自己被遺棄，或者是，避免自己產生被遺棄的傷痛。於是，各種在關係中的生存策略因應而生。

「脆弱感」容易引起被遺棄的恐懼

但是，如果害怕被遺棄，是因為曾有被遺棄的經驗，或現在經驗的狀況有線索，讓我們擔心自己會被遺棄的話，那是否代表，如果我們目前處在一個平穩、感受到愛與重視的關係當中，就會不擔心被遺棄呢？

答案可能是相反的。

我有過一個經驗：

在感情中，當我感受到自己非常在乎對方，也感受到對方對我的愛與重視時，我的內心會升起一種幸福的親密感，那種感覺非常深刻，我會感覺到這個人對我是非常重要、

不可替代的——

但下一秒，有一種新的感覺就會升起，那就是一種未知的恐懼與焦慮：「但如果有一天，他不要我了、丟掉我了，那怎麼辦？」

我就再也感受不到這樣的幸福了。

這樣的幸福好像稍縱即逝，是無法留在我手中的。

當然，用許多理論分析，可以說因為我過往有過不安全依附的經驗，所以我時常會擔心自己被遺棄，無法安心地享受這樣的親密感。

但我後來發現，這種「被遺棄的恐懼」之所以幾乎人人都有，它或許不僅只是因為我們曾受到被遺棄的傷害，或是曾受到感情不被重視的忽略（當然這些也都有影響）；但還有一個更重要的原因影響，那就是：

當我愛你的時候，當我把你標記成你對我很重要的時候，這樣的我，是脆弱的，因為這代表我給了你可以傷害我的能力。

這種「脆弱感」是會讓我們不安的，這種不安，是因為我們突然感受到自己不能保護自己、是有可能會受傷的，所以我們不安。

這也促使我們更加在意被遺棄的恐懼，深怕這件事的到來。而這個焦慮與害怕，就更餵養這樣的恐懼，使得這個恐懼對我們的影響越來越大，甚至影響了我們對所有事情的解釋，將許多事情都看成這個恐懼的證明，最後形成了「對，我會被遺棄」的內在信念。

因為恐懼，我們過度放大身邊所有的事件與線索

因為恐懼，使得我們會過度放大身邊所有的事件與線索，而使得身邊的事情似乎每一件事，都可以迎合這樣的解釋。

這其實是一個很自然的狀況，因為我們認為我們所恐懼的狀態，是有能力傷害我們，影響我們的生存，因此我會想盡辦法去「標記」這個恐懼，而這是為了避免，甚至讓自己有能力控制它。

但在這種情況下，其實會更放大我們的焦慮，也讓我們更恐懼。

舉一個例子：

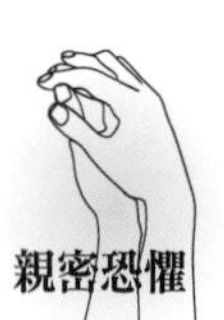

念研究所時，上過談「恐懼症」的課。在上課前，我一直以為，有某個恐懼症的人，應該會更避開那樣東西。例如，有尖端恐懼症的人會避開尖銳物、有蛇恐懼症的人會避開蛇……

但上課後，我才學到，「會避開」是有恐懼症的人後來因應的行為，但是他們內在的狀態，反而是會在環境中更留意，搜尋有沒有這些他們所恐懼的事物出現。

也就是說，說不定別人不會發現蛇狀物，但他們會發現；說不定別人看不到指針的尖端，但他們會注意。

他們其實比任何人，都更留意、在乎身邊會讓自己恐懼的東西，於是就更焦慮、更害怕，更覺得自己在這個恐懼的事物下無能為力；然後，恐懼更深。

這就是一個非常典型的**焦慮循環**。

用這個例子來看被遺棄的恐懼，其實就更可以理解。當我們有過被遺棄的經驗，或過度擔心自己的脆弱、擔心自己會被傷害，就更可能去預防、關注所有會讓我們可能被遺棄、被傷害的線索；

然後，就更覺得這個恐懼對我們影響極深，甚至會在遇到任何人離開自己的經驗，都解釋成「我就是會被遺棄」的。

內在信念（特別是負面）若牽涉到與生存焦慮有關，最難調整與改變，也最容易僵化、自動化出現。因為一旦大腦判斷牽涉到「危險」，腦袋走的系統，就會是跟本能有關，而不是跟理智有關。

所以就會出現一種狀況，那就是：

我們腦袋都知道，但遇到事情的時候就會做不到。

這種像是自動化反應的狀況，有些人會說：「就像按了一個按鍵一樣，我沒辦法思考」。

而這，也是「被遺棄的恐懼」為何對許多人的親密關係產生影響。「**如果放心愛著，我可能會有失去的危險與被傷害的可能性，倒不如讓我對關係沒那麼滿意**」。所以，有些人會下意識找尋讓自己可能會「被他／她遺棄」的伴侶，用自己的方式奉獻著，然後看著對方離開自己，最後告訴自己：

「我終將是會被拋棄的。」

因此，我們可能使用各種策略，讓自己避開可能被遺棄的風險。

藉由「我有用」的方式，讓自己不被遺棄

例如：

我盡量讓自己可以付出很多，藉由「我有用」的方式，讓自己不被遺棄；我也可能讓自己「雞蛋盡量不要放在同個籃子裡」，不停有新的對象，或是同時有好幾個對象，用自己的魅力去吸引他人，確認我是可以被愛的、不會被拋棄的。

我曾經遇過一個男孩，他告訴我，他很愛現在的伴侶，但是，他沒辦法克制自己，總是需要跟更多女生有交往或發生性關係，這樣，他才覺得自己是安全的。

從小被父母遺棄的他，內心深處，他渴望著一段穩定的關係，建立自己的家，但當他做到時，他卻停不下來內心的焦慮，總覺得自己如果就這樣安心了——

「到時我就沒有選擇，我就會被遺棄。」

所以，每一次，他感受到幸福、想要安心時，焦慮感就會上升，然後，他就會去和新的女性互動，甚至發生性關係，確認自己還是被喜歡的。

他的生存策略，就是「雞蛋不要放在同個籃子」，就是：「我相信了一段關係，我就可能被遺棄」，但是，他的生存策略，卻讓他更容易失去他所重視、真正想要的關係。

不論是用什麼方法，抱持著「害怕被遺棄」的恐懼與「我終將可能被遺棄」的信念，我們在關係中，就難以好好認識、了解對方，我們沒辦法看清楚自己真正想要的東西，而卻被自己害怕、不想要的東西所綑綁，於是，我們盡一切可能，想要增加自己不被拋棄的安全感，硬是留在某些關係裡面，卻忽略了，我在關係裡真正想要的是什麼。

而親密關係最重要的：親密感的連結，就和我們清楚自己的感受與需求，並且試著表達、互相理解，與彼此調整、回應有關。

「被遺棄的恐懼」可能是親密恐懼中最基本的恐懼。許多有著親密恐懼的人，時常有著其他的親密恐懼，而「被遺棄的恐懼」就在心裡的最深層，像暗流一樣，默默在我們沒發現的時候，拉扯著我們的心，讓在關係中的我們情緒上上下下，覺得不安、焦慮。

有時，當我困在自己被遺棄的恐懼中，我會不敢讓對方看到自己真正的模樣、真實的感受與需求，而這，正是下一個將提到，另一個阻止我們增加親密感的親密恐懼：「我不夠好」的恐懼。

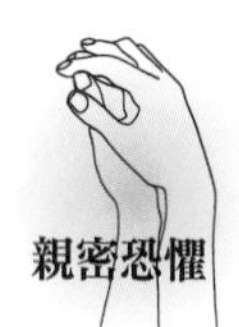

二 害怕暴露自己：「我不夠好」的恐懼

當我帶著被遺棄的恐懼，我會擔心，自己的缺點、弱點，都有可能成為被遺棄的理由；那種「脆弱感」，又更容易引發自己的被遺棄的恐懼，形成惡性循環。

因此，這會讓我在關係中，時常選擇不說出自己真實的感受與想法，藉由這樣的隱藏，可以藏起我的脆弱不安，也避免被遺棄的可能。

當然，當我帶有這種「不夠好」的恐懼，我也會讓自己避免依賴別人。因為，依賴就會產生習慣與脆弱，而「我不夠好」的恐懼，會讓我們避開一切讓自己變得脆弱的可能性。

例如，我可能會讓自己變成一個無懈可擊的人，我不會讓自己被別人看出弱點、看出自己脆弱的感受、看出我真實的想法。

「說自己」這件事，就代表我必須冒著不被接納、不被喜歡，或是被挑毛病、被拒絕的風險，因此，我可能會有一個很堅實的「面具」，也可以說是盔甲，這個面具可以保護我，不會因為我不夠好的部分被揭穿，而受到傷害。

嚴格來說，也就是我幫自己「設定了一個角色」，「它」就像是我理想的自我，或者說，是我認為可以被這個社會、被父母接受的自我。

這個「假我」幫助我保護自己，不用擔心因為暴露缺點，因為脆弱的感受或是不夠好而被指責、傷害，我就能繼續生存。

童年的影響

害怕暴露自己，帶著「真正的我不夠好」的恐懼的人，幾乎都經驗過嚴格、被挑剔的童年生活。

當我們時常被挑剔，被指責有地方做得不夠好，甚至是性格特質、長相外貌或能力上，曾經被貼上標籤，被父母、師長或重要照顧者認為是不好的、有缺陷的，**這種不安會讓我們拼命想要努力，成為另一個讓他人滿意的自己，而將那個「被嫌棄的自己」丟下，以避免被遺棄的恐懼**。

或者，我們在童年經驗過，當說出自己的感受或想法，遭受父母或重要他人的否定與嘲笑，於是發現：「如果我把真實的感受與想法說出來，不但沒有人在意，不會得到溫柔接納的對待，反而會因此被傷害、被操控。」

也就是說，我們曾經有「深深讓別人失望」，或是「害怕自己讓別人失望」的經驗與感

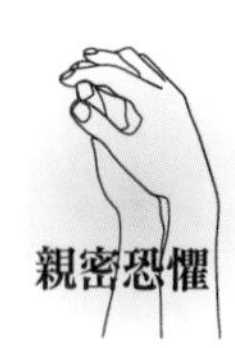

受。而那感受，讓我們覺得羞恥又難受。

因此，我們努力隱藏真實的自己，用另外一個看似強壯、無感，不會有情緒波動的自己來面對世界。這個自己，別人可以接受，而也可以保護我們，再也不用面對那樣痛苦的嘲弄與傷害了。

但，或許你也發現其中的盲點：

一旦我們想盡辦法隱藏那個不夠好的自己，去發展一個別人能夠肯定、接受的自己時——

我們就主動丟下了那個小小的自己，而扮演「被別人接受的自己」。不管角色演得再好，我們都知道，那不是真正的我。

於是，這個角色演得越好，我們越被人接受；但**諷刺的是，內在那種「真正的我是不會被接受、會被遺棄」的感覺，卻因而更深了**。

原本我們想擺脫不夠好，就是因為想要逃離被遺棄的恐懼，但當我們好努力地做到「別人期待中的我」的這個模板時——

真實的、小小的我，就在我們因為他／她不夠好，而放下他／她的那一刻，蹲在角落中，不停哭泣著。

他／她從來沒有離開。

而我們，不管做得再好，符合他人的期待或有成就，都只是不安，都不相信自己會真的被愛、不被拋棄。

因為，那個對我們很重要的珍貴事物，就在多年前，被我們為了生存，關到了不能被看見的內心深處。

而他／她的時間，就停在我們受傷的那一刻，從來沒有前進。

讓人心疼。

「不夠好的恐懼」可能的因應生存策略

因為「不夠好的恐懼」而出現因應的生存策略會有很多可能性，在此討論最常見，也最常被忽略的兩種情況：

「避免被拒絕」，以及「完美主義／拖延」。

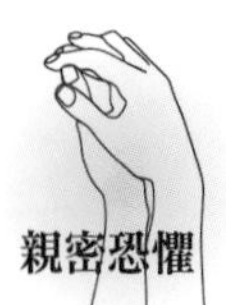

避免被拒絕

對於有著「不夠好的恐懼」的人來說，「被拒絕」會引發災難性的感受與思考。那種因為「被拒絕」而引發的感受，之所以會如海嘯般的災難，**是因為它可能引發極大的「羞恥感」**。

什麼是羞恥感？那是一種怎樣的感受？為什麼這麼影響我們？

你可以想像一個畫面：

你蹲在中間，你重視與在乎的人圍著你，他們指著你嘲笑、諷刺，說你不夠好……你感覺自己是無力的，無力反駁、對抗這些嘲弄與否定。你覺得自己很丟臉，甚至沒有存在的價值。

那種羞恥的感覺，不僅會讓我們難受、痛苦、憂鬱，也會讓我們憤怒，我們可能會覺得「自己不夠好」才會被嘲笑，但也可能會憤恨那些嘲笑我們的人，為什麼可以這樣傷害、不接納我們。

而這樣的情緒無力、脆弱、羞恥與憤怒的情緒，最容易在「被拒絕」時引發。

因為小時候，我們之所以有機會經驗到那些「自己不夠好」的恐懼時，多半和父母等大人拒絕我們有關。當他們拒絕回應、拒絕溫柔對待、拒絕支持、拒絕接納……這些拒絕，都成為我們不被愛、不被重視的證據。

沒有人跟我們解釋，所以我們無法分辨，這些拒絕，不一定都跟我有關。

帶著這樣的感覺，長大的我們，面對拒絕時，不知道為什麼有一種不安。有些人會為了避免被拒絕，而盡可能讓自己不用求助、不用依靠別人，因為我們總相信「別人一定會因為我不好、不重要而拒絕我」，而若因此被拒絕，那種過往熟悉的「羞恥感」一湧上，就會引發非常大的恐懼與焦慮。

有些人則會是走相反路線，他們仍然會求助、會要求，但是當別人拒絕時，會引發他們內心極大的憤怒，他們會開始攻擊別人，甚至說出情緒勒索或否定對方的語言。但歸根究柢，**這些憤怒，仍然是跟內心的受傷與羞恥感有關：**

「是不是因為我不夠好、不夠重要，你才會拒絕我？你怎麼可以覺得我不重要？」

類似的痛，不同的反應，這就是不同樣貌的生存策略。

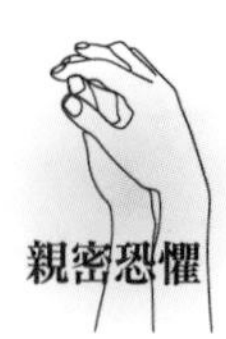

完美主義與拖延

許多書籍談到完美主義與拖延症的雙面性與相關性。過於嚴格、不合宜的自我要求，會逼迫自己總需要全力以赴、過度準備地面對每一次的考驗與表現。太過高的標準、想像他人可能會如何期待自己，就會造成嚴重的完美主義，或是拖延症。

因為當工作項目本身太過困難時，我們因為害怕面對自己內心的「不足」而暫時逃避、不面對，是非常正常的情況。

只是，當我們總是為了要逃避，擔心面對不夠好的自己時，擔心自己的缺點暴露時，擔心會被別人批評指責時，我們可能會過度努力地面對生活中的每個挑戰，最後造成身心與關係的不平衡而不自知。

三　害怕信任人：會被背叛、欺騙的恐懼

有些人會發現，雖然自己似乎會投入關係、很在乎自己的伴侶，但卻有很高的不安全感，時常擔心對方會背叛自己、會做出欺騙自己的事。

為了避免這樣的恐懼成真，有些人會想盡辦法控制對方，希望能夠掌握對方的所有生活細節、所有感受、思考與行動，如此就可以避免自己被欺騙、被背叛的可能。

有的人，則可能抱持著「反正沒有任何人值得信任，我總是會被背叛或欺騙的」，因此，他反而和每個人都淡淡的來往，與伴侶也無法有太親密的關係，很難與對方分享自己內心真實的感受與想法。

不論是想要控制對方，或是藉由疏離對方來讓自己安全，這兩種策略其實都是親密恐懼的因應。

這些策略為了保護我們不被傷害，卻也讓我們無法真正認識對方，投入真正的親密關係中，反而煎熬在各種「該不該信任」、「會不會被欺騙」的未知恐懼中。

童年的影響

會有這樣的恐懼，很可能在童年時，真實經驗到對父母的幻想破滅、安全堡壘顛覆。例如原本疼愛自己的父親外遇了，或是原本陪著自己的母親離家後，再也沒有回來了。

又或者，在童年的成長經驗中，我們經驗到了身體或情感的虐待。例如被過度責罰、精神或肢體暴力，甚至受到家內性侵的經驗。

也有一種情況，就是父母在他人面前看起來非常疼愛子女，或是擁有很高的社會地位，為人崇拜，抑或是展現出模範家庭的樣貌；但私底下與孩子的互動，是十分冷漠、具傷害性的。例如會對孩子使用相當殘酷的言語批評，或是父母彼此會用很傷害性的話語互相攻擊等。

也就是說，**當孩子在童年的家庭裡，經驗到一種「雙面性」**，那種雙面性，有可能是：

原來看似疼愛我的父親，有外遇之後說走就走；

口口聲聲說愛我的媽媽為了自己的幸福，是可以丟下我的；

對別人說愛我的父母，私底下是會把我打得半死，甚至罵我「賤貨」的；

更甚者，在外面看似模範父母，卻可能會在別人看不見的地方對我家暴，對其他家人家暴，甚至對我或其他家人進行身體或精神的虐待。

這些事情，我不能跟別人說，但我看著他們，在別人面前一套，在我面前又是一套。嘴上說著一套，行為又是一套。

我對他們充滿質疑、憤怒，以及強烈的受傷情緒，這可能讓我發展出對人不信任、害怕被欺騙背叛的恐懼。

還有一種可能，就是父母本身對於他人的信任感極低，不停對孩子灌輸：「這個世界是危險的，除了我們之外，你不能信任任何人。」**父母的焦慮與恐懼就這樣移到孩子身上，**成為這個家族傳承的「會被背叛、欺騙的恐懼」。

四 害怕他人情緒：不得不順從的恐懼

前文提到，「被遺棄的恐懼」中，其中一個成因與「感受被忽略、被否定」有關。這部分時常會有一種延伸，那就是：

家裡有另一個可以決定家庭氣氛、情緒最大的人。

因此自己必須要按照那個人的標準去做，必須要讓自己沒有感覺、順從對方的感受與想法。因為，如果不順從，他可能有能力傷害我。可能我會被拋棄、不被愛，或是被認定是沒有價值的；我可能會被大聲責罵、被羞辱、被否定，也可能會遭受精神或肢體暴力。也有可能，當我不順從他時，他會尋死覓活，說出很多情緒勒索的話語，或是真的做出傷害自己的行為，引發我的罪惡感。

因此，**為了在這個家存活，我只能按照他的方式去做，**讓自己沒有聲音、沒有想法。一旦我有聲音、有想法，我就可能會被傷害，或是被討厭。

「不順從會被找麻煩」或「會被對方的情緒淹沒」

還有一種可能，那就是：這個家認為，孩子就是應該要聽話，或是女孩就應該要聽話順從。一旦我違背了家庭的標準，沒做到，父母會讓我知道，這樣的我是會被社會厭棄的、是沒有價值的，甚至沒資格當他們的孩子。

帶有「不得不順從他人」的恐懼，有些人會以為，順從或討好是為了得到對方的喜歡，實際上，這個看法也對，也不對。

我遇過許多帶有「不得不順從他人」恐懼的人，小時候，他們的經驗，不僅是「不順從會不被喜歡」，而是不順從的話，「會被傷害、被懲罰」。

可能是父母會出現很大的情緒，非常兇狠地責罵，甚至懲罰孩子；或是會對孩子非常的冷漠，冷言冷語，或是用難聽的話批評等等。

這種「不順從會被找麻煩」甚至是「會被對方的情緒淹沒」的經驗，讓我們深深感到：「**如果不順從別人，別人的情緒是會傷害我的。**」因此，我們認為在關係中「我只能忍耐」，於是，我們選擇了「順從、討好」的這個生存策略。因為，只有順從別人才不會被討厭、被找麻煩，甚至被傷害；而這讓我們無法展現自己，甚至，不曉得自己真正的感受與需求是什麼。

於是，我只能依賴對方，繼續被對方的情緒困住，而**我的存在意義與價值，則長期奠基在對方對我的肯定與評價中**；即使長大之後，我仍然困於他人的眼光、情緒與評價中，無法動彈。

這使得我在愛情中，會盡可能注意對方的表情與感受，盡可能順從對方，以保護自己不被對方的情緒傷害、淹沒，甚至被傷害。

而有時候，我們會在這其中，誤以為：我們順從他，是因為我們愛他。

而沒有發現，其實**真正的感受，是因為我們怕他**。

怕那些號稱愛我們的人，會因為我們的不順從而傷害我們。

而「順從」，就是我們用來控制對方，讓對方不要傷害我們的「保命符」。

五 害怕被控制：「失去自我」的恐懼

有些人在愛情中，非常害怕「被控制」的感覺。只要對方想詢問自己的生活細節，或是對自己的生活提出建議，就會出現非常大的情緒反應，想要攻擊對方，甚至放棄這個感情。

我曾經看過一些例子。

在台灣，特別有一些男性，對於一般親密關係的互動方式，很容易會出現「被控制」跟「要被吞噬」的感覺，因此會用極大的情緒反應、動作來守護自己的界限。

那些界限包含：談到生活發生的事情、自我的感受與想法、需求與喜好……若非自己主動說，當這件事被伴侶問起，都會讓有這種恐懼的人，立刻升起防衛，出現不說話、沒反應、當作沒聽到，或是發怒攻擊。

但是，**「說自己」，是建立親密感的一個重要條件**。不論是好友，或是親密關係，當我們感覺跟這個人感情變得更好、更融洽，很多時候，都是因為我們交換了彼此不會跟他人說的心情、祕密，而且被理解、被接住。

但當兩人相處，完全不能討論、分享這些感覺時，關係的空虛與匱乏，就容易造成親密關係的緊張，以及一方的持續失望。

問題是，當感受到伴侶的失望，帶有「害怕被控制」這種恐懼的人，又會感覺到「我失敗了，我讓他失望了」的挫折感，因此更會保護自己，因為他以前的經驗就是：

如果我讓人失望，而我又表現出「同情或是罪惡感」的話，對方會拿我的這個感受來懲罰我、傷害我、控制我。

所以，我什麼都不能做。

因此，伴侶會深刻感受到，當自己表現出傷心難過時，對方反而更疏遠、更冷漠、更無情。

但伴侶不理解這是對方的自我保護，而是感受到在自己需要時，對方的遠離，於是，心就更痛。

童年的影響

帶有「我會被控制、自我會被吞噬」恐懼的人，小時候多半經驗過相當控制、壓迫的親子關係。

在台灣常見的，可能是缺席父親、強勢母親的搭配。所謂的「缺席」，不一定代表沒有父親，可能是父親因工作而無法投入家庭生活，母親是主要照顧者，而母親與孩子的關係非常緊密，母親希望能夠掌握孩子每個生活細節，甚至不允許孩子探索非她認同的世界。

例如，只能念書，不能跟朋友出去玩，不能有一些其他的娛樂等等。即使到了一定年紀，自己仍然無法擁有選擇的自由。

有時，因為父親的缺席，**孩子可能被母親當成「情緒配偶」**，母子／母女都有可能，特別是「母子」的狀態。例如當**兒子被當成「替代伴侶」**，兒子一方面有著必須順從母親、安撫母親情緒的罪惡感，例如爸爸不在身邊，母親辛苦把自己養大等等，讓自己覺得應該要對母親「忠誠」；但另一方面，又感覺到自己被母親的愛壓得喘不過氣、失去自我，讓自己極想逃開。

因此，日後建立親密關係時，一旦感受到類似的場景，例如覺得對方太愛我了、太重視我了，或是對我的生活太有興趣了，都可能會引發他們的焦慮，過去曾有的創傷經驗重現，讓他們升起了想逃離、保護自己的感受。

因為如果不這麼做，自我會被吞噬，那是一件很可怕的事情。

六　害怕沒有人愛我：「得不到想要的愛」的恐懼

帶有「我得不到想要的愛」恐懼的人，在戀情、人際關係中會有一個特徵，就是**時常會**

擔心自己不被喜歡／不夠被愛，或是認定自己一定不會被喜歡／不被愛。

當我們帶著這樣的恐懼，會時常感到孤單、不被愛、不被重視，也會常覺得沒有人在乎我、關心我，自己的存在似乎沒有價值。

但如果有機會得到一份愛與關注，帶有這種親密恐懼的人，可能會不容易相信那份愛的真實與穩定性。有些人會反覆地檢視、詢問伴侶，用以確認對方愛的程度；有些人甚至會不時提出一些「考題」、「測驗」，用以隨時「確定」自己的伴侶是可以回應自己、重視自己的。

一旦對方做不到自己標準時，內心的那種：「你看吧，我就說沒有人愛我、關心我」的感受就會升起。

✤ ✤ ✤ ✤

也就是說，**帶著「得不到想要的愛」的恐懼時，我們內心最重要的需求，就是希望「對方隨時都要覺得我是重要的」**，因此我要一直確認，對方的愛一直在，目光也一直放在我身上。

戴著這種隨時在檢視「對方的愛還在不在、是不是永遠都最重視我」的眼鏡來經營親密關係，必然難以顯露真實自己的感受與需求，也無法真正投入一段關係。

因為，我必須要確認這段關係符合這個標準、安全無虞，我才會投入。但在我的標準中，永遠沒有安全無虞的一天。

帶著這樣的心情，不論是伴侶或是自己，對這段感情都是戰戰兢兢，對兩邊都是一種考驗與折磨。

童年的影響

帶有「我永遠得不到想要的愛」恐懼的人，童年多半經驗過「我的感受、需求被忽略，不被重視」；更嚴格地說，那就是「父母都在，但也都不在」，那是一種很深的「被剝奪感」，一種很深的匱乏感。

父母可能是一個好的物質照顧者，可以提供生活所需，也會建立很嚴格的規矩，但父母在情感上可能是冷漠的，正向情緒回應極少，在與父母的互動中，感受不到愛的交流，也感受不到父母真正的情感與自我。

孩子就像在荒漠上的旅者，找不到一滴水，感受不到一點愛。

「愛的匱乏感」與「被剝奪感」

對孩子來說，就會在與父母的互動裡，只知道父母要自己做什麼，卻不知道父母到底是不是真的愛我與在乎我，因為從父母的情緒反應中，根本判斷不出來。

但父母的行動看起來是在乎的，因為他們提供了一定的外在照顧與庇護，所以有時孩子必須要說服自己：「他們是愛我的。」

但卻不知道哪裡出了錯，內在的自己知道，有東西不對勁。那種「愛的匱乏感」、「被剝奪感」是存在的，我知道這樣對我是「不夠的」，但我從來沒有「夠過」，所以我也不知道，怎樣叫「夠」。

因此，**孩子沒辦法建立內心「知道自己被愛」的標準**，「我感覺有事情不對勁，但我說不出來，其他人也告訴我，是我想太多」。

於是，孩子懷抱著內心的空虛，心中就像是有個愛的黑洞般，深不見底；他們對愛感到飢渴，會想要找到可以解決的方法，因此，長大後可能會不停地投入戀愛，換一個又一個的伴侶；或是在感情中極度犧牲，但卻又害怕對方隨時會不愛自己。

於是，**他們需要出著一個又一個的考題，確認身邊的伴侶「夠愛我」**，但對於伴侶的表現，時常會覺得不滿意或不夠被重視。他們內心有一個極為理想的狀態，認為如果伴侶愛他們，應該要做得到這個狀態。

但這個狀態，某方面可以說是自己在過往經驗中，因為極度缺乏被愛的經驗，因此在內心為自己想像的、安慰自己的理想狀態，內心或許有個聲音跟自己說：「如果別人愛我，應該是要長這個樣子。」

如果經驗過足夠被愛的孩子，其實會在與父母的互動中，了解到父母有時候會有其困難，「只是當我需要的時候，也許不是即時，但他們都在，都會有回應」。所以孩子不用因為父母暫時沒有回應、暫時沒辦法注意自己，而覺得山崩地裂，「天地化為零」。

但對於沒有經驗過穩定、足夠的愛的孩子，沒有機會經驗到什麼叫做「穩定、會有回應」的愛，因此沒有辦法判斷，對方的這個走掉、沒有回應，是暫時的，還是永久的？因為對這些孩子來說，曾經歷過，那種對重要他人極為失望的感覺，「自己一點都不重要、沒有價值」的感覺，太讓人痛苦。

必須要用很大的情緒去指責對方……

所以，帶著這樣的恐懼與傷痕的孩子，沒有足夠的安全感可以相信，重要他人的不回應，或是離開，可能只是暫時，而其實他們會回來。所以當這些孩子長大之後，每一次，在關係中經驗到這種感受，都極為崩潰。

「我必須要用很大的情緒去指責你、去反映這種危機狀態」；或是，「我需要冷漠地自我保護，讓自己內心減少對你的依賴，甚至離開，這樣我才不會受傷。」

這或許就是這些孩子們的心情。

更甚者，帶著這樣親密恐懼的人們，可能根本不想投入關係，只願意投入工作、物質依賴等這些可靠的東西，因為「雖然它讓我上癮，卻是安全的，不會讓我失望的」。

前面簡述了六種常見的「親密恐懼」，而我們也會發現，在這些早期重要關係所形成的「親密恐懼」，隨著每個人的性格與經驗、能力的不同，會再形成各種為了因應親密恐懼而形成的內在信念與生存策略，讓我們知道怎麼活下去。

而這些恐懼、信念與策略，就可能成為我們重複的愛情腳本，阻礙我們與他人的親密關係。

或許，我們可能不停地用防衛、用傷害自己或對方的生存策略來安撫自己的恐懼；因為，在不安與挫折的時候，我們沒有經驗到被安撫、被保護與照顧的經驗，不知道原

來可以用這樣的方式得到安全感。

所以，**我們會執著那些讓我們受傷的方式，雖然痛苦，卻是當時唯一的選擇，唯一的浮木。**

這真的是很辛苦的事，而為了活著，我們都很努力。

暫時無法改變時，不要責怪自己

我也想真心邀請大家，這本書，希望帶著大家慢慢發現自己的親密恐懼，了解這些恐懼如何形成了我們的內在信念與愛情腳本。

若我們覺察到這些，但暫時無法改變時，不要責怪自己，因為畢竟，為了在過往那些創傷的環境中活下來，我們都很努力，而**這些方法，是努力的證明。**

謝謝它，然後，送走它。讓我們的人生能夠跳開內在的恐懼、腳本與標籤，了解自己的需要，真實認識自己與他人，好好的感受關係與親密，並且做出我們更想要的選擇。

我想，是這本書最希望帶給大家的。

第二篇

親密恐懼如何形成重複的愛情腳本

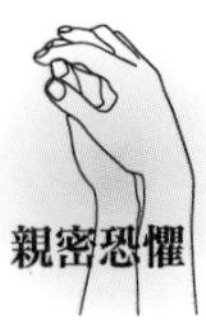

松子的故事

前面我們提到內在信念、恐懼對我們的影響。

接下來，我將用一部我很喜歡的電影《令人討厭的松子的一生》，幫助大家理解這些恐懼、信念如何形成，又如何成為我們重複的愛情腳本，影響我們的親密關係，造成我們的親密恐懼。

川尻松子原本是個國中老師，她出生在雙親健在、有著弟弟妹妹的小康家庭。在她二十三歲時，松子辭職並且失蹤了，原因是：當時發生了一件事。

學生的偷錢事件

修學旅行時，店家的錢被偷了，同行的老師們懷疑偷竊者可能是松子的學生龍洋一。松子詢問學生龍洋一，而龍洋一不承認。

這時的松子，認為「一個好老師應該會相信學生」，這是她給自己的角色設定，也是她身為老師的面具，因此她沒有逼迫龍洋一承認，但卻做了一個決定：

店家會這麼生氣，是因為錢不見了；因此，只要能先還店家錢，店家就會被安撫。

但當時店家丟的錢金額不小，松子身上沒有足夠的錢，在「想要趕快解決這件事，安撫大家的情緒」的壓力底下，松子偷拿了同房老師的錢，還給店家。

沒想到，店家並沒有因為拿到錢而鬆口，反而一直逼著松子要把偷錢的學生交出來教訓。

松子一方面不希望（也不敢）去逼迫龍洋一承認，畢竟這有違她此時對自己老師這個身分原則的設定（要當一個相信學生的老師）；此外，與人起衝突，要求他人也不是她與人互動的習慣；但是面對店家的情緒，她覺得非常緊張與焦慮，因此，她做出了幾個反應：

1. 她扮了鬼臉。
2. 她承認錢是她偷的。

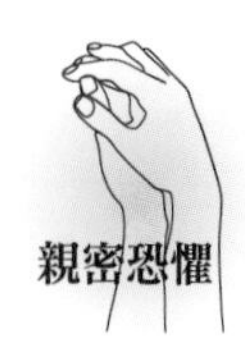

這兩件事感覺都很無厘頭，甚至是很多人看了電影之後，特別不能理解這一段，尤其是「承認偷錢」這件事，幾乎可說是松子生命中的轉折。但是**若從松子的生存因應策略去理解，這件事就不難懂**。

從前面的描述可以發現，松子是一個非常在乎他人與團體情緒的人。面對他人的情緒，很容易引發松子的焦慮，對自我感覺不良好。

可能擔心自己會被傷害，也可能是擔心自己會被討厭、不被喜歡，因此松子很容易使用一個生存策略來因應這個壓力狀況，那就是：**討好與安撫**。

也包含「扮鬼臉」。這個「扮鬼臉」在電影中，是與松子的童年有關，我們後面會詳述。除此之外，松子在行為上會努力按照對方想要的方式去做，如此就可以安撫他人的情緒，避免他人的行為不利於自己。

也就是說，松子沒有什麼自我保護的能力，她僅能用討好與安撫，幫助他人情緒下降之後，她才可以安全。

「我需要討好別人，才能生存。」

讓他人舒服與開心，成為松子生存的重要策略，即使這個討好與安撫可能會犧牲自己、傷害自己；但在面對他人情緒不滿的壓力下，會造成松子極大的焦慮，因此，這讓她「沒有選擇」，只能下意識地選擇「順從、討好與安撫」，於是，她承認了偷錢。

第一次面對如此大的壓力，她做出了這種毫無現實感、匪夷所思的選擇，包含偷了同住老師的錢、承認偷錢等。但是承認了這件事之後，事情沒有因此被解決，大家的情緒也沒有因此被安撫，反而造成她更多的麻煩，也影響大家對她的看法。

發現無法「息事寧人」之後，松子跑去要求學生龍洋一承認自己偷錢，結果被反咬一口，學生說松子威脅他，要他擔下偷錢的罪名。

✤ ✤ ✤ ✤

這一切的發展，完全超過松子人生經驗中危機處理的能力。對松子的過往來說，她只要按照別人的方式與要求去做，不起衝突，她的人生似乎就安全順利，但現在發生的這件事，完全沒有辦法用這樣的方式處理。她對自己的看法，花了很多時間建立的別人對她的看法與形象，全部毀於一旦。

因為這完全超過松子情緒與能力能夠處理的，於是她丟下一切，辭職後逃離家、逃離家鄉。

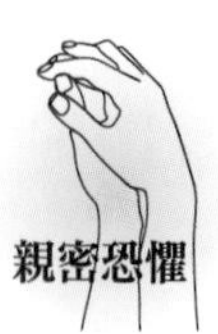

看到這裡，你或許發現了：

松子與人相處時，有一個很重要的生存策略是「討好」：「我需要討好別人，才能生存」。這個生存策略幫助了她前面二十多年的生活，但卻在一次危機下，成為拖垮松子人生的其中一個原因。

那麼，松子的生存策略是怎麼形成的呢？這與她的童年又有什麼關係？

關於親密恐懼的形成：松子的童年

松子有一個非常嚴厲的父親。父親對松子常板著一張臉，但卻對松子生病的妹妹非常和藹，常露出難得的笑容。

松子的印象是，爸爸只會帶禮物給妹妹，只會用最好的態度給妹妹。為了爭取父親的愛與關心，松子努力做到父親的期待，想要成為父親心目中的好女兒，她念父親想要她念的學校、做父親想要她做的工作。

但有時候，她會想，似乎妹妹什麼都不用做，即使她一直生病、什麼都做不了，仍然可以輕易得到父親的愛與關注，但對松子來說，要獲得爸爸的關心與愛，卻是這麼困難、辛苦的事。

被遺棄的恐懼：重要的人永遠不會選擇我、會離開我

從小，松子時常被父親忽略，母親在家中也是個隱形的存在，是爸爸決定家裡的規矩與家庭的氣氛。

前文提到，「被遺棄的恐懼」的形成，與兩大影響有關：**「我感到周遭環境的難以掌握」，與「我感到自己不被重視」**。

對松子來說，父親的難以取悅，不管她做什麼都吝於給她一個微笑，這讓松子的內心升起了一種很強的不安全感，因此她為了要生存，必須要隨時留意父親的感受，猜測他的心情，想著自己該如何取悅他。

因此，對松子來說，父親的情緒會造成一種「恐懼」，那種恐懼就是：「是不是我不好，所以你不愛我？」「是不是我做錯什麼，所以你對我臭臉？」這種恐懼引發松子的生存焦慮，因此松子會花更多時間去抓取父親情緒的線索，希望讓自己可以找到依憑的生存方式。

✤ ✤

也就是說，松子希望能夠**靠自己的努力**，找到博取父親一笑的方法，藉此來安撫自己的

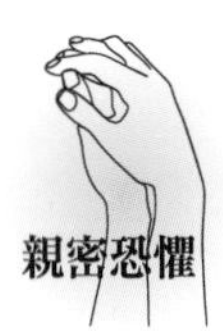

生存焦慮。

但一直帶著「我不重要，所以我可能會被遺棄」的恐懼，以及那種「我其實不被重視的悲哀」，在持續地博取父親肯定時，這些感受會在一些努力的空隙中，鑽入自己的心，讓自己深刻的感受到：

「我其實是不被重視的，對父親來說，好像有妹妹這個女兒就夠了。」

帶著這種「內在信念」，松子卻不得不更努力地獲取父親的愛。

因為，對松子來說，**被遺棄的恐懼更加可怕**，因此，「我必須要更努力地做，努力取悅父親，讓自己不會被丟下」。

「因為我不像妹妹，天生就有不被遺棄的條件。」松子的心裡，或許是這麼想著。

「不得不順從」的恐懼，與「討好」生存策略的形成

於是，為了要生存的松子，在「被遺棄恐懼」的促使下，形成了一種生存焦慮，這種焦慮感會讓她**更留意那些有可能會被遺棄的線索**。

例如，爸爸的反應與情緒。而松子也發現，自己受爸爸情緒變化的影響很大：例如，當她看到爸爸板起臉時會感到害怕；當她看到爸爸對她冷漠、對妹妹卻極為溫柔和藹時，她覺得難受……在面對父親情緒時，那種內心升起的害怕、失落與痛苦，小小的松子不知道該怎麼解釋，於是在這樣的經驗中，小小的松子學到一件事：

別人的負面情緒，是有可能會影響我、傷害我的。

而這樣的松子，小時候唯一快樂的記憶，是有一次，爸爸帶她看在醫院的妹妹，兩個人一起去百貨公司吃飯時，爸爸順便帶了松子去遊樂園。在遊樂園看小丑表演的過程中，松子發現小丑扮的鬼臉，會讓好多人開心，連爸爸都被逗笑了，而當她學著小丑、扮鬼臉給爸爸看時——對她總不假辭色的爸爸，居然對她笑了。

這對小小的松子來說，是多麼大的鼓勵！

原本以為，不管她再怎麼努力，都不可能像妹妹一樣，可以獲得爸爸的笑容，但沒想到，自己的一個鬼臉，居然可以獲得爸爸的笑。

對松子來說，爸爸對她的笑，就像是她嚮往的，爸爸給她的重視與關注的展現。那個笑容，可以讓一直緊繃、注意著爸爸情緒的松子放鬆。

也就是說，松子的焦慮情緒，藉由爸爸的笑容給安撫了。

於是，松子學到了一件事：

「只要能夠討好別人、讓別人開心，我就安全了。」

換句話說，為了要避免「別人的情緒可能會傷害我」的焦慮恐懼，順從、討好，就成為松子調節焦慮情緒的情緒調節策略[8]，也是她後來因應關係的生存策略。

而且，第一次和爸爸去遊樂園的幸福感實在太深，在這裡學會的鬼臉，又能再次取悅爸爸，這使得松子從小到大，一次又一次地使用這樣的策略，無視於自己看起來的樣子有多麼怪模怪樣，只為了獲得爸爸的一個微笑、一點照顧、一點愛。

這是一個多麼悲傷的、對自我與對世界的解釋。

看到這樣的松子，總忍不住感受到，**她那滑稽的鬼臉背後，藏著的是怎樣的悲哀**。

不夠好的恐懼：真正的我不配被愛

這樣的松子，就在「不被重視」的「被遺棄恐懼」中，又形成「他人的負面情緒可能會傷害我，因此我需要順從別人」的親密恐懼。

在這樣的恐懼中，松子形成了「以他人情緒為主」、「要討好順從別人」與生存策略，但**這樣的策略，卻又助長了她的內在恐懼**。

因為，不僅是爸爸，連她自己都不在意自己的感受了。

松子的內心非常孤單，忍不住想著：

「是不是因為我不夠好，所以我才會這麼難獲得愛？」

那種「我不夠好」的親密恐懼，也悄悄形成。

當松子為了取悅父親，為了在家有一席之地，努力成為家裡的模範女兒時，她的內心其實清楚：

「不管我做到什麼程度，我在爸爸的心中，永遠是不夠好、比不上妹妹的。」

8 情緒調節策略：調節、安撫情緒的方法。可參考《情緒取向治療全解析》，蘇珊・強森著，劉婷譯，張老師文化。

這種「我永遠不夠好，所以不會被愛」的恐懼與信念，一直影響著松子，也成為松子不停追求模範生活的驅力：讓自己活成一個聽話又老實的老師。當她這麼努力時，她非常期待父親對她能夠有一點鼓勵，但父親不但吝嗇給予她好的回應，還在松子和妹妹分享自己有男性的邀約時，把松子罵了一頓：

「你有想過，分享這些，妹妹會有多羨慕嗎？你有沒有考慮妹妹的感受？」

當松子如此努力要以爸爸的感受為主，爸爸卻要松子以妹妹的感受為主時，那種「我永遠不夠好、比不上妹妹」的挫折、沮喪與憤怒整個升起，但松子太愛爸爸，她沒辦法，也不敢對爸爸生氣，因為爸爸長時間都是她生命的主宰；因此，松子把滿腔的憤怒轉到妹妹身上。那種「我努力了一輩子，卻因為一點小事而失去爸爸的愛、失去平穩的生活，而你，什麼都不用做，就什麼都有」的憤怒、不甘心、委屈與被虧待感，使得松子在爆發偷錢事件後，要離家前，忍不住掐了妹妹的脖子。

那是她內在的憤怒與不公平心情的爆發，但**她真正憤怒的對象，其實是她的父親，以及當時她必須要順從討好的那些人**。

松子的愛情腳本

後來的松子，談了幾段戀愛。

第一段戀愛是號稱太宰治轉世的八女川，這個作家男友常常陷入自己對創作與生活的挫折中，稍有不順就對松子拳打腳踢。不願意去工作的他，甚至要松子去從事性相關工作賺錢。

找不到工作的松子只好跟弟弟聯絡，跟弟弟借錢。當弟弟看到姊姊被打的臉，就知道她一定是遇到了壞男人，但松子不想對弟弟承認，也不想對自己承認。松子對弟弟說：

「他是個很有才華的人。」

當弟弟說到，松子離開之後，爸爸死了，家裡分崩離析了，不想要再跟松子有任何牽扯時，松子還是笑著。

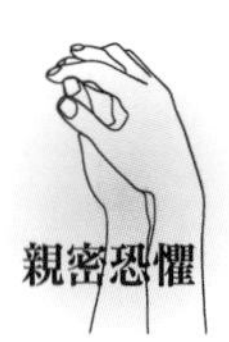

只有她的內心深處才知道，她最深的渴求是：「我可以成為爸爸那個被寵愛的女兒嗎？」

松子清楚，自己內心有著很大的渴望，希望原本對她冷淡的爸爸可以愛她；希望那個對她拳打腳踢的男友，有些時候還是能給她一些疼惜與溫暖。

這些疼惜與溫暖，就能再說服害怕被遺棄、渴望被愛的松子，繼續撐下去。

帶著被遺棄、不夠好與需要順從的恐懼，松子努力取悅對她越來越糟糕的八女川。松子希望藉由自己的努力與對他的愛，可以「渡化」他、改變他。

✤ ✤ ✤ ✤

對松子來說，被重要的人冷漠對待，甚至情感傷害，都是太熟悉的事情，就像她和爸爸的關係一樣。因此，面對這樣的痛苦，她習慣，也可以忍耐，拚了命地希望改變她和男友的關係，希望她的忍耐、無窮的愛與包容，可以改變男友，讓男友好好愛她。

這個**「要努力讓不愛的人愛我」**，**就是松子的愛情腳本，是她與爸爸間一直沒辦法完成的「未竟事宜」**，而這個腳本，總是讓她選擇了可以完成這個腳本的角色來愛。

那就是自私的、不懂愛的、有其他更在乎事物的對象。那個更在乎的對象，可能是工作、其他女性，或是他自己，而這些人最在乎的對象，常常不是松子。

關於八女川

對八女川來說，他最在乎的事情，就是自己的寫作。面對松子的愛與包容，他總是覺得憤怒，卻又有一部分的救贖。

像聖母的松子，承受了他所有情感與行動的傷害，承受了他所有的憤怒而沒有任何的抱怨。這樣的松子，雖然滿足了一部分八女川對愛的任性與依賴，卻讓他更在這「被溺愛」的狀態中，無法真的長大。

唯有他成為一個能夠同理、付出、負責的人，他才有辦法好好愛人，他也才有機會可以在被創作的挫折感包圍時，找到一點點破口，讓自己可以長出一點力量、鼓勵自己再試試看。

但現在的他，就像被溺愛的小孩，無法面對環境的挫折，**對自我感覺不良好時，就把那些對自己的憤怒往外丟**，丟向那些在他身邊，可以也願意承受的人。

發完脾氣後，他再度被傷害重要的人的挫折感包圍。他也更討厭自己，自我感覺越差，更陷入挫折與無法創作的自我厭惡迴圈中。

內心幼稚，不能承受現實而無法長大的八女川，面對了一樣沒有現實感、沒有界限且努力讓自己成為聖母的松子，他無處可逃，也沒有長大的能力與自我反省的空間，最後，他選擇了自殺，逃離內心的自我厭惡，也逃離松子那讓他無法回報，反而讓他更加自卑的愛。

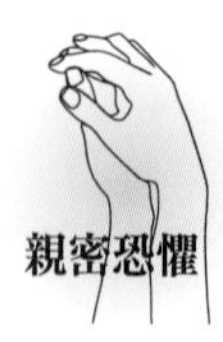

八女川的愛情腳本，是「我一定會傷害我愛的人」。

我永遠得不到該得的愛：愛永遠不夠

在經驗到拿她當替代品的岡野健夫，與殺了只想利用她的小野寺之後，松子遇到了看似能救贖她的美髮師島津賢治，最後卻在幸福的頂端後被警察抓住、入獄。

期待著在獄中拿到美髮師執照，期盼著愛人島津賢治能等她，卻又在出獄之後，發現對方已經結婚有小孩，一切都是一場空。

經歷過這樣的松子，努力當上美髮師，靠自己的力量站起來。當時的好友小惠，也帶給她很大的支持與安慰。只是，當有一天，松子與小惠在外面小酌完，想去小惠家繼續聊天喝酒時，小惠按了門鈴，對講機那頭，小惠的先生對小惠說的那句「你回來了」，刺激到了松子。

「那是我一直期待的生活。」

當時，松子的心情或許是：

我一直期待，有人把我放在最重要的位置，不是第二位、不是可有可無，這個人也不是隨時會消失。我好希望，有一個人，他完全地屬於我，可以在我回家的時候，對我說一聲：「你回來了。」

這種溫柔與陪伴，是我好期待的，卻是怎麼努力也得不到的。

所以，松子失去了繼續喝酒的興味，她回到了家，說了一句：「我回來了。」迎面而來的，是滿室的空蕩與寂寥。

是救贖，也是詛咒

這時候，過往學生龍洋一的出現，對松子來說，是救贖，也是詛咒。因為龍洋一代表著：「有一個人，居然這麼多年都默默地愛著我，沒有放棄、沒有變心。」這讓松子內心渴求「我最重要」的心被震動。

但是，龍洋一是個黑道，對於松子來說，她內心的理性直覺判斷仍然存在，畢竟她已經不是當初剛離開家，什麼都不懂的女孩了。她知道，如果她選擇跟龍洋一在一起，好不容易穩定的生活可能會再度毀壞，而自己才從監牢中出來，脫離了那樣的泥沼，但會因

為龍洋一再陷進去，陷進去混亂的生活與混亂的愛情中。

過往的愛情經驗也讓她知道，選擇龍洋一是很危險的，不只是他的身分，還有他散發出的味道、他的性格與氣質。龍洋一和給人安穩的島津賢治不同，龍洋一或許更接近她殺掉的小野寺，或是八女川。

「出去是地獄，在這裡也是地獄。」[9]

但是，繼續留在這個空蕩蕩的房子裡，面對一屋子的寂寥，期待著那句，永遠不會出現的「你回來了」嗎？

對松子來說，**從父親那邊永遠無法得到的關愛，成為她內心最深最深的傷口**，於是，明知不可以，但內心的傷口，那些未竟事宜，召喚著她內心中那對愛無窮的渴望，於是，她選擇奔向龍洋一的懷抱。

重演「聖母與壞男人」的腳本

在當時，她也做了一個選擇：「我要成為一個完全包容他、愛他的人。而我也要他完全地愛我。」

於是，她不停詢問龍洋一愛不愛他，不停渴求著他的愛，希望他能夠為了自己改變，就像當初她與八女川一樣，重演了「聖母與壞男人」的腳本；果不其然，在這樣的包容與用愛的控制之下，與八女川性格類似的龍洋一，出現了對松子的憤怒，於是開始揍她。

「你煩不煩？」為什麼不相信我？

「煩死了！」為什麼你永遠都是最好的、委屈的、包容的那一個？我永遠就是壞的，糟蹋你的那個人嗎？

對龍洋一來說，不相信自己有價值的他，在感受松子無條件的愛時，覺得太刺目、太痛苦，因為自己沒辦法同樣回報她；而當自己無法做到松子的期望，一旦感覺到自己不夠好，龍洋一會覺得受傷，**受傷的感覺又會引發極大的憤怒，就會讓他攻擊這個世界，或是攻擊身邊的人**；如果身邊沒有人，他就會自毀。因此，與這樣的松子在一起，反而讓他越來越討厭自己。

9 語出電影《令人討厭的松子的一生》。

陷入理想化的愛

後來，龍洋一進了監牢，決定為這份愛獻身的松子，無怨無悔等著他。

對松子來說，與其說等著的是龍洋一，還不如說等著的是那個**她理想中的、那個可以奉獻愛的對象**。她相信，只要她用盡全力愛著，對方就會改變，他們就有機會迎向一個松子理想的未來。

那個生活平穩、有人在家等著我，對我說「你回來了」；又或者是自己終於有個人，可以對著他說：「你回來啦。」的未來。

「只要我好好努力，這一天就會到來，對不對？」

松子這樣相信著。

但沒想到，在獄中的龍洋一，有著許多的自我體悟後，赫然發現，如果他待在松子身邊，才是真正的傷害，他其實不配松子這樣的愛。

於是，他想盡辦法傷害松子，然後逃跑了。

松子固然把他們之間的感情理想化、把龍洋一理想化，一心期待著「浪子回頭」的故事；但龍洋一，同樣也把松子理想化，他認為松子是一個無私、極為包容的女性，這種愛是神的愛，是他配不上的。

但殊不知，**他們其實只是兩個寂寞又渴愛的小男孩與小女孩**，談著扮家家酒的戀愛，想像著對方都是自己理想中的樣子：「會浪子回頭的、永遠愛我的男人」以及「會永遠無條件包容我、愛我、等著我的女人」。

但實際上，這都是他們內心的親密恐懼，於是他們將伴侶放在這樣的角色裡，而非認識伴侶真正的模樣。

而他們，也演著自己想像中的角色：「付出一切、不求回報的聖母」與「一定會傷害所愛的人的壞男人」，而無法深入了解自己在感情中真正的樣子。

影響重複愛情腳本的因素

從松子的故事，我們可以看到，影響重複愛情腳本的重要兩個因素：

◆ 逃離恐懼。

◆ 解決失落。

當我們內心存在著深深的親密恐懼時，內在信念開始運作，我們會用許多生存策略，想盡辦法逃離這些內在的負面感受（**逃離恐懼**），並且想要滿足那些過往未滿足的需求（**解

決失落），希冀可以讓自己寫出一個不一樣的愛情腳本。

但親密恐懼、內在信念與我們習慣的生存策略，總是會把我們拉回同樣的一條路上，我們像是想努力獲得那些渴望而不可得的，但卻在一次次的嘗試中，離這些幸福越來越遠。

就像松子一樣，當她沒有發現，她害怕被人拋棄、不被愛的恐懼，讓她更為渴求他人的愛與重視，不管是什麼人、什麼形式，反而讓她沒有機會去思考：

我真正想要的愛是什麼，

我真正想滿足的需求是什麼。

只是有人愛我就好，還是，我其實有我想要的、愛我的方式呢？

但這就是親密恐懼最大的影響，因為**親密恐懼是我們過往對關係的創傷與失落的集結**，對於過往的創傷，做了一套自己的解釋（包含對自己、他人、世界），並且定義，也確定了「什麼是最容易傷害我的」；親密恐懼於是成為我們在愛情中，自我標記的「恐懼事物」，難以忽略、跳過它：而當它變成彼此愛情中感受到的全世界時，讓我們沒辦法享受那一些當下的幸福，也讓我們抓著那些固著的因應策略不放，無法鼓起勇氣展現脆弱、理解彼此真正的樣子，更難以增加關係中的親密感。

第三篇

六種親密恐懼，如何形成重複的愛情腳本

我永遠不會是被選擇的那一個：「被遺棄」的恐懼

接下來，讓我們來分別看以下六個「親密恐懼」的故事。

從這六個親密恐懼的故事，或許能夠讓大家更理解，未竟事宜、內在的信念、愛情負面標籤與親密恐懼如何交互運作，最後形成重複的愛情腳本。

小魚是一個傳統大家庭中最小的女兒，家裡有五個姊姊。父親身為大家族的長子，經營家族企業，非常希望有個兒子來傳承他的事業。而小魚是他最後的期望，但他失望了。

小魚告訴我，後來她的父親在外面組一個小家庭，生了兩個兒子，再也沒有回家。

長大之後，她恨過父親，但小時候，媽媽告訴她，爸爸會離開，是小魚的錯。

她曾偷偷去找過爸爸，但連一面都沒見到。爸爸在對講機對她說，他現在過得很好，他也留了足夠的錢給小魚她們，希望她們好好過自己的生活。

「聽到他說的話，我只覺得，我真的讓他太失望了，所以，他連見我的面都不願意。」小魚對我說，好像從那個時候起，她的心就破了一個洞，好似獨自在一個很冷很冷的地方，得不到溫暖。後來，她離開家裡，一個人在外地生活，遇過幾個男性，他們一開始會照顧她，讓她有很溫暖、被照顧的感覺，她也會為這個人付出、討好他，希望讓他更喜歡自己，可以一直留在自己身邊。

她可以為了讓對方開心，去學化妝、整形、努力減肥；也願意為對方付出許多的時間、金錢來配合對方，甚至願意成為對方打發時間的對象，就算只發生性關係也好。

「至少他還願意來找我，只要我更努力，做得更好，他就有機會留在我身邊，不會拋棄我。」

但最後，這些人都會嫌棄她、會離開；她發現她的努力，留不住任何人。

就像她的父親一般。

有些時候，當她覺得內心痛到不行時，她會偷偷割著自己，好像感受到身體的痛，就會覺得，內心沒這麼痛了。

而這種痛，似乎就是她為愛殉道的證明，也是她人生唯一追求的目標，就是被愛。

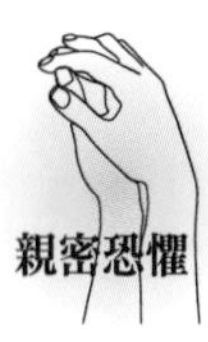

小魚的傷，在身上，也在心裡，不停煎熬、鞭笞著她。

小魚的重複愛情腳本：追求被愛的人生

小魚的故事，是一個常見的、許多人愛情中的腳本。因為那牽涉到一個我們人生中最常見，也最沉重的親密恐懼，也就是：「被遺棄」的恐懼。

爸爸離開的記憶，對小魚來說太過深刻。身為小孩的自己，不僅要面對父親不在身邊，還要成為媽媽責備的對象：

「就是因為你不是男生，所以你爸爸才會離開。」

對小魚來說，那種「因為我不夠好，所以我會被拋棄」的感覺，實在是太過深刻，**特別是這個「不夠好」**，並不是因為她做了什麼，而**是她無法改變的**，**出生的性別**。

因此，內在那種覺得「因為我沒有價值，所以我不會被愛、會被拋棄」的恐懼，深深攫住了小魚。

甚至，當爸爸在外另組家庭時，那種「因為我不好，比不上別人，讓爸爸失望了，所以爸爸才會拋棄我」的感受，更是加深。

「我是比不上別人的」、「我是沒有價值的」、「我的出生是不被期待的」……這些內在負面標籤，就會在小魚與他人建立親密關係時，無意識地影響著小魚的選擇與行為。

自我價值建立的困難

「我是沒有價值的」這個內在負面標籤，時常深刻影響我們出現「被拋棄」的恐懼。換句話說，「無自我價值感」與「被拋棄的恐懼」，這兩者，是有著很深的連結，並且互相影響。

問題是，「自我價值」是一個相對虛幻的東西，它不如「自信」，是可以靠能力的累積與訓練，幫助自己增加面對世界、面對問題與處理事情能力的信心。**自我價值，是一種自小從他人身上所感受到對自己的看法，慢慢形塑成自己對自己的看法**。

而這個看法，有幾個重要關鍵：

- 我的出生是被期待的嗎？
- 我是被珍惜、被愛著、被保護的嗎？
- 我的感受與需求，是會被尊重、理解與回應的嗎？

當我們有機會經歷到主要照顧者這樣的對待時，會從對方的反應，感受到「啊，我是這樣被愛著、被珍惜著的」，這樣的感覺會刻入我們心裡，知道自己是能被這樣愛著的，所以，我們的存在，就是有價值的，不需要我們做到什麼，就可以被愛。

於是，我們就能學會這樣對待、看待自己，相信自己無論如何都會被愛著，不是需要做到什麼才會被愛。

那是一種能在愛中的任性，也是一種被愛過的理直氣壯。

那種「理直氣壯」，是會保護我們，在日後的親密關係中，不至於讓自己因為跌入「被遺棄」的恐懼中，以至於過度委屈自己，甚至在這委屈中，更失去了自我價值，於是陷入一種難以逃脫的無限迴圈中（見一三五頁圖）。

生存策略

但在我們過往的經驗中，有許多人在成長環境裡，是帶著傷的。而帶著傷的我們，就容易經驗到像小魚一樣的「被遺棄恐懼」。

有著這樣恐懼的人，在關係中，容易覺得焦慮、常感覺關係是不穩固的。一旦可能「被

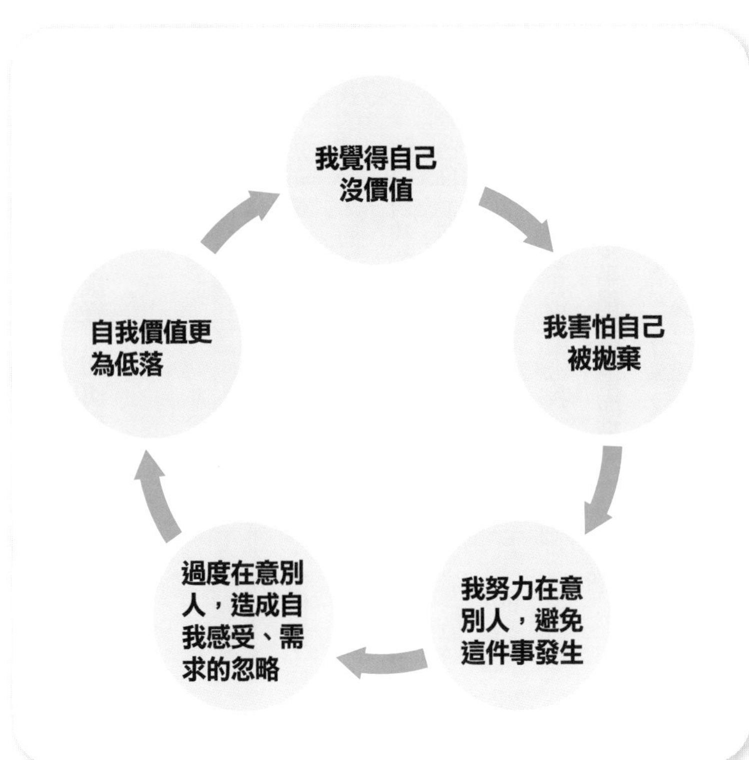

遺棄的焦慮」被勾起，就會很緊張。有些人可能就會像小魚一樣，更努力做更多事，例如照顧別人，讓別人開心，盡可能按照別人的要求去做，**甚至做很多別人沒有提，自己也不一定想做的事**。

想像一下：對於小魚來說，當她一感受到對方要離開，內心強大的驚慌感與恐懼，夾雜著很深的挫敗、自我懷

疑與羞愧，會把整個人的價值都毀滅的感覺，所以「我要盡量做些什麼，讓他們不要離開」，就成為最後一根救命稻草。小魚會拚了命地想抓住他們，抓住那些曾經有過的、自己被在乎、被愛的感覺，即使對方會傷害自己，對小魚來說，那也比被遺棄強得多了。[10]

用犧牲來換取不被遺棄

像小魚這樣，**建立界限牽涉到兩個重點：一個是了解並重視自我感受**，唯有我理解、重視自我的感受，而不是總把自己的注意力放在他人的感受上，我才有可能為了自己去表達需求、建立自我的界限；**另一個是穩定的自我價值感**，唯有我相信自我的價值、相信我是值得被愛的，我才會相信，就算我拒絕別人，我也不用擔心自己不被愛。

實際上，有許多害怕拒絕的人，心中最大的恐懼，就是拒絕別人之後，別人會用討厭我、否定我、不愛我來傷害我。

而**這些經驗，多半都是學習而來**。

而在這樣的恐懼中，會讓我們對於關係更為執著、難以放棄，而出現「戀愛上癮」或「共依存」的情況，也會讓我們：時常為了愛，而放棄自己的感受、需求與保護自己的能力。

你傷害我，一定是因為我做錯了

例如，小魚曾經跟我說過：

「我曾經被一個我以為的王子，把我留在身邊。我像是女僕一樣，幫他做所有的事情，包含陪他上床，但是他不認為我是他女朋友。他覺得我只是一個聽話的床伴，他還會用很多話羞辱我，說我很笨、長得不夠好看。

「那個時候，我真的覺得自己很賤，為什麼還要一直留著，可是我離不開。每一次他辱罵我、嫌棄我，我都一直想，如果我可以再好一點、再符合他期待一點，他是不是就不會這樣嫌棄我了？是不是就會多愛我一點？所以，他罵得更多，我做得更多。

「可是，有時候，當他抱著我、跟我上床，我也會覺得，也許他心中是有一絲絲愛我的，也許我的努力，讓他可以留在我身邊，讓我能享受這一刻的溫存。」

那是一種痛苦又無奈的感受。明明知道自己是痛苦的，但內在那個最大的恐懼：「因為

10 同樣都是「被遺棄的恐懼」，有些人的生存策略是不同的，因此會用不同的方法去因應，而這有時也跟其他的「親密恐懼」影響有關，這部分會在後文的故事中再詳述。

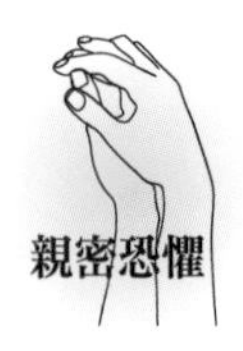

我不好，就會被遺棄」，總是觸發著自己的警報器，讓自己必須忍耐著許多在關係中不合理的對待，以避免直接面對那個最深的恐懼。

而每次被對方如此傷害時，小魚甚至會感覺，對方會這樣罵自己，一定是因為「我很糟糕，對方才需要這樣對我」，所以一定要努力做到他想要的，這樣他才會開心。

於是，**這變成了一個惡性循環的愛情腳本**，那就是：

我們會留在羞辱、傷害自己的人身邊，為了追求他的垂憐與愛意，拚了命地努力，最後卻在這過程，失去了更多對自己的尊重、珍惜，學不會保護自己，而從對方對待自己的方式中，更覺得自己是卑微的、該被輕賤的。

而對小魚來說，在關係中最深的恐懼，就是「被遺棄」。為了讓自己不再陷入這樣的恐懼中，給自己一個解釋，就可以幫助自己避免發生這樣的痛苦。

於是，在這樣的情況下，小魚永遠逃脫不了的解釋，就是：「因為我不夠好，所以我會被遺棄」。

這其實就是**小魚在愛情中的「內在負面標籤」**：

因為我不夠好，所以我會被遺棄。因為我不夠好，所以你才會傷害我，如果我不趕快改善，你就會遺棄我，所以你越傷害我，我越要做你想要的事情。

而不是保護自己，轉身離開。

這其實跟小魚從小的經驗有關。當我們有過這樣被遺棄的痛苦經驗，周邊的人又告訴我們：「會遭遇這些，是因為你。」就像小魚的媽媽告訴他：「爸爸會離開，是因為你不是男孩子。」

當我們周遭的世界嚴苛又殘忍，要一個幼小的孩子承擔不屬於他的責任，甚至成為代罪羔羊，那個痛苦真的太巨大，小孩會拚命地想要找方法解釋，甚至解決。

在解決問題的過程中，**「自己的感覺」是最容易被犧牲的**，因為留下感覺，會太痛苦、太難熬，小小的心很難承受這一切。但若把注意力從自我轉到他人身上——

「也許我還有點能力，可以做些什麼，改變這些。」有時候，我們會這麼想。

從小，待在不友善的環境，在壓迫、痛苦與煎熬中，缺乏愛、撫育、保護與理解，被要求著要滿足大人的期待與欲望、承擔大人的責任時，孩子內心的感受，是最容易被放

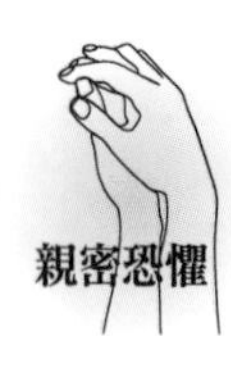

棄、被犧牲的。

於是我們學會了，忽略自己感受，自己才能在這段關係裡忍耐，自己只能用這種方式得到愛。

這是多麼悲傷的事。

從「害怕被拋棄」到「我要盡力做到對方想要、讓對方愛我」

從小魚的故事，我們可以看到：

當「被遺棄」的恐懼一直在我們的內心，我們做許多決定時，第一個留意到、想滿足的部分，就是**先填補內心最深恐懼的需求**：

因為我害怕被遺棄，所以我要努力不被遺棄。

為了滿足這個需求，我們會盡可能地培養各種技能、生存策略，只為了讓這麼恐怖的事情不再發生。

如同小魚，她努力讓自己討好對方，奉獻自己的所有，只為換得不被遺棄的關係；也有些人，他會努力讓自己很有用、很堅強，讓自己永遠都會是被選擇與肯定的那一個，以換得不被拋棄；還有些人，他們會讓自己不需要任何人，或是早一步遺棄別人，換得能不被遺棄的安全感。

因此，如同我前文所說，**「害怕被遺棄」，幾乎是親密恐懼的基礎**。有些人很深地感受到這個恐懼，於是發展出許多策略來應對；但有些人，覺得這個恐懼實在是太巨大了，為了應付，他把這個恐懼深深埋在內心的最深處，或是發展出一些理由，解釋自己可能會被拋棄的原因；他認為這樣的自己是脆弱、不好的，於是，他幫自己訂了一個遠離「可能會被拋棄」的形象，關閉自己的情緒，努力朝向那個「更好的自己」前進著。

於是，我可能過度努力著，像是背後有什麼東西追著我，但我不知道我在害怕什麼。

這種「害怕被遺棄」的心情，也可能讓我們走向完全的反面，因為擔心被遺棄的痛苦，而我們又感覺到他人是無法掌控的，因此將注意力盡量地放在自己身上，想盡辦法將自己做到最好、變得有用，但卻無法與他人建立親密關係，也不期待其他人的表現，因為我們總認為：「別人一定會拋棄我、捨棄我，最終，我只會剩下自己一個人」。

於是，我們可能會選擇展現出一個看起來很有用、很有功能的樣子，只依靠自己，但不依靠任何人，而**我們的「假我」，於是形成**。

這個「假我」，以及我對於「不夠好的自己」的恐懼，也阻礙了我們的親密關係。

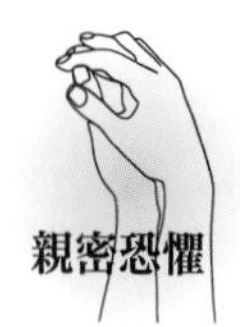

不能讓人發現我不好：害怕不夠好的恐懼

阿文就是個這樣的例子。

阿文的人緣一直都很不錯，身邊的人提到他，都覺得他很可靠、什麼都會，也願意幫忙大家，但不知道為什麼，每個人跟他的感情都不算太深。大家想到他，第一個反應就是：「他很厲害。」

阿文真的很厲害，不論做什麼事、學什麼東西，不但一學就會，對自己的要求也高。條件很好的他，也談過幾次戀愛，但常常無疾而終。在戀情的最後，和他在一起的女孩，都會對他說：

「我覺得你好像不愛我／不重視我，我沒辦法走進你心裡。」

對阿文來說，他並非完全不理解對方所說的話，但這就是他習慣的關係模式。因為，有很多時候，他其實不曉得，談戀愛對自己的「幫助」是什麼。對他而言，所有的事情他都能自己做，也沒有真的需要伴侶幫忙的地方，而當談戀愛時，對方的期待，還有要求，有些時候讓他覺得很為難，不知道該怎麼做，才能讓對方滿意。

例如，對方很希望阿文可以說說自己內心的感受，分享對事情的看法與感受，但對阿文來說，有些事情沒什麼好說，有些事情說了也沒用，而有些事情，他不想說。他認為，不說這些事，兩個人一樣能夠相處，一起做些開心的事情就好了，但是對方卻時常覺得「不知道你在想什麼」、「跟你在一起，我覺得好孤單」。

阿文後來慢慢發現，不只是對交往對象，對任何人，自己都沒有特別想跟對方分享自己內心真正想法、感受的欲望。甚至有些時候，不是自己不想分享感受，而是不知道要分享什麼。

對阿文來說，把一切事情做好，照顧好身邊的人，讓別人放心，就是自己很習慣的模式。

模範生的外表、無懈可擊的行為，但在親密互動中，卻好像隔了一層保護層，讓人無法靠近……如果想了解阿文的親密恐懼，或許家庭背景可以告訴我們一點什麼。

父母缺席的童年

阿文的爸爸工作很忙，常常必須到外地出差。阿文的媽媽自從生下阿文之後，身體就不大好，時常需要臥床休息。在阿文的印象裡，爸爸常不在，媽媽則常需要休息，他又是家裡唯一的孩子，因此從小他就很習慣做好自己的每一件事，讓身體不好的媽媽不用擔心，讓在外地工作的爸爸不用煩惱。

幸好，在這樣的情況下，姑姑有時還會來家裡照顧他，陪他參加家長會。姑姑很照顧他，但當老師的姑姑對阿文很嚴厲，非常信奉「不打不成器」的教條，常代替阿文的父母管教他。當阿文哭的時候，姑姑總是會對阿文說：「男孩子要勇敢、要爭氣。做不到，還哭，太丟臉了。」而且，從小姑姑就一直對阿文說：「你要好好念書，你爸爸才會想要回家，你媽媽病才會好。」

姑姑的這些話，讓阿文一直覺得自己的感受是丟臉的、不該出現的；加上爸媽的情況，讓阿文從小就有這樣的想法：「我和其他小孩不一樣，別人有爸爸媽媽，我則是姑姑。」再加上姑姑的話，更讓小時候的阿文隱隱有個感受：「是不是我不夠好，所以爸爸不常回家，媽媽才會生病？」

✤ ✤

這些經驗、信念與疑問，讓阿文有著很深的自我懷疑，也讓他做了一個決定：「為了要安全，需要隱藏自己內心的感受與想法，並且努力表現。」特別是**當他發現，只要他把事情做好、有好的表現，大家就會把注意力從他「不夠好」的家庭移開，也不會發現他不夠好的內在、脆弱的情緒**，只會注意他的外在表現，會覺得表現好的他很棒。

這樣的他，會感覺到安全，可以不用去感受那個「我和別人不一樣」的、「真正的我是不夠好的」，那種不舒服的感受。

再加上，一直生病的媽媽，以及久久回家一趟的爸爸，只要讓他們看到自己好的成績、好的課外表現，爸爸跟媽媽都會很滿意、很放心，姑姑也會不再批評他，那麼生活就好像可以繼續過下去，沒有需要擔心或是煩惱的事。

因為，他知道，生病的媽媽常為了爸爸很少回家而暗自垂淚，媽媽也會對他說，他長得有多像爸爸，「一定是因為我一直生病，你爸才會不回來，都是我的錯。」媽媽這樣對他說。

對阿文來說，這種時刻太難熬了，他不知道要怎麼去面對媽媽這樣的情緒，因此他只能盡力把自己能做的事情做好，如此，一切就會順利。

媽媽過世

而在阿文小學升國中時，媽媽過世了。媽媽是在睡夢中過世的，因此在阿文早上要去上學、習慣性去跟媽媽說聲再見時，才發現媽媽的身體已經冰冷。雖然當時的阿文才十二歲，但他冷靜地打電話給姑姑、給爸爸，聯絡該聯絡的人，送走媽媽、辦完儀式。在這過程，他沒有掉過一滴淚。

連姑姑都有點擔心他，因為他實在太冷靜了，而他只有十二歲。

不過，當阿文跟爸爸電話聯絡，告訴他媽媽過世時，爸爸在電話那頭沒有作聲，過了一會才說：「我工作很忙，暫時走不開。我會跟姑姑說後面怎麼處理，先這樣。」

對阿文來說，聽到爸爸的那通電話，自己內心的感受是：「就像被拋到了太空一樣，腦中一片空白，沒有任何可以拉著我的東西。」

那種感覺，是非常難以言喻的，沒有任何人可以依靠的，自己就像沒有跟任何人有關係，孤單又恐怖。

「我不想要再遭遇一次這樣的感受。」小小的阿文告訴自己。

因此，他從此做了一個決定，他需要很堅強，讓自己可以倚靠自己過下去，這樣他才不會需要任何人，也再不會被任何人傷害。

童年的缺陷感

在阿文的例子中，在童年時，因為父母的缺席，讓他經歷到「我與他人不一樣」的感受。這種「不一樣」，並非是特殊，或是好的特點，而是「別人有的，我沒有」或是「我該有，而我沒有」的這種感受，特別是父母缺席，特別容易讓孩子有這樣的「缺陷感」：我應該要有父母，但我沒有，或是父母應該要出現，但我沒有。

不過，父母缺席並非都會造成這樣的感受。若孩子在面對父母缺席的情況，內心的不安、疑惑或是失望、憤怒有機會被理解、被接納，重要照顧者願意好好理解孩子在此時內心的脆弱感受，並且給予回應、支持、接納，孩子仍然有機會不將這樣的外在情況，解釋成與自己有關，或是認為是自己造成的，甚至覺得是自己的「原罪」。

但若在面對父母缺席，或是重要照顧者缺席的過程中，孩子必須自己面對處理這些難忍的感受與困惑，甚至像阿文這樣，遇到姑姑的嚴格教養，甚至把自己的表現與父母的缺席連結在一起，這種「缺陷感」會深植在孩子心中，不但會對於要展現真正的自己覺得「羞恥」，對於生活的「失控」也會很難忍耐。

因為他們曾經歷過類似這樣的無助時刻，也感受到讓別人看到真正的自己或感受，是不安全、是不會被接納的，例如阿文的姑姑、阿文的爸爸。因此可能會像阿文一樣，**帶著「我不夠好」的恐懼來解釋、對應現在的被忽略與對周遭人們失望的感覺**，而找到這個理由是重要的，因為這代表我們可能找到解決與對應的方法。

因此，當孩子用「我不夠好」來解釋生活所發生的困難，抱持著「我如果不夠好，世界就會讓我失望，甚至會失控」的信念，就很容易會用「讓自己有功能」的方式，來安撫、控制自己的情緒，並用以因應這個危險的世界，做為自己的生存策略。

生存策略：假我／情緒隔絕

使用「讓自己有功能」的方式，孩子很容易發展出一個「假我」，這個假我是用來符合社會標準與他人需求的。會發展出這樣的假我，除了是生存策略，也是**用來「安撫自己情**

緒」的方式，怎麼說呢？

如同我前面的分享，面對父母心理或生理缺席的孩子，幾乎很多時候，都必須面對自己的情緒可能沒有機會被理解、被照顧，因此對於生活中的挫折、突發的變故等等，沒有任何人教自己如何理解、安撫自己的情緒。

對於某些生活適應能力強的孩子來說，遇到這種狀況，**將自己的情緒隔絕，「先處理事情，不要處理心情」就是一個非常簡單的因應方式**。隔絕自己的情緒，做到大家想要的，先做「應該」的事情，讓一切事情上軌道，自己的情緒就可以輕鬆了。

所以，「讓自己有功能」的假我，就是被發展出來，負責解決問題，然後用來告訴自己「一切都在我的掌控當中」，安撫失控感與失能感的好東西。

不過，情緒並非靠「解決問題」就能解決，但要解決問題，若抱持著很多情緒，我們會被情緒淹沒，而沒辦法去處理這些急迫的事情，特別如果跟阿文一樣，「能處理的只有我，身邊沒有任何可以依靠的人」時，就很容易用一種方式，來處理這些可能淹沒自己的情緒：

情緒隔絕。

重複的愛情腳本：真正的我不夠好，不會有人愛這樣的我

看到這裡，或許，你也發現了阿文建立關係的困難：

一旦他將所有的安全感都放在自己身上，將所有的情緒隔絕，他不會知道，與他人建立關係、建立親密感是什麼感受，又有什麼重要性。

他也會發現，不論他跟誰在一起，他都無法真正說出自己內心的感受與想法，因為那種「沒有人會了解我的不同、我和別人是不一樣的」的孤獨感受，一直都存在他的心中，甚至，有時他可能都無法感知。

因為，**當他隔絕所有情緒時，這時候的他似乎是無敵的，卻也是空虛的**。他隔絕的不僅是他對痛苦焦慮的感受，卻也隔絕對愛、對人重視的感知。

但對阿文來說，感受這些又是危險的，因為自己曾經因為重視而失望過，而這種失望，又連帶地勾起了自己的缺陷感，那種「是不是我不夠好，所以沒人願意在我身邊」的難以言喻的感受。

最終，在他一段又一段的戀情當中，他發現對外再完美的他，總是讓戀人失望的離開，於是，他苦澀地想著：「我果然是個不適合談戀愛的人呢。」這種「我不夠好」的羞恥感，又讓他將自己關了起來，難以開放自己的心門。

榮格說：「孤單並非來自身邊無人，而是在於無法向他人傳達自己認為重要之事，或是來自於持有他人無法認同的觀點。」[11]

這種孤單與缺陷感，就像我一個人孤零零地在這個世界上，我不能讓別人與自己看到藏得最深、最不能接受的我，因此，我用了很多方法把自己武裝起來，讓自己看起來很好，因為對我來說，**我不相信不夠好的自己，可以被這個世界接納**。

「我不夠好」恐懼的另一種展現

在面對「我不夠好」的內在恐懼時，偏向逃避依附的人，可能會用類似阿文的生存策略處理關係：不期不待沒有傷害、情緒隔絕、習慣不說出自己的感受與想法，甚至是盡量配合伴侶的需求，即使自己其實並不想做……

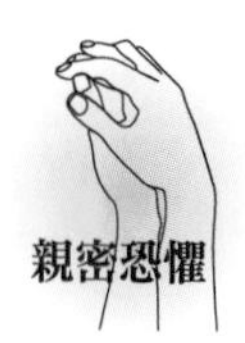

但是，同樣帶有這樣的恐懼時，某些偏向焦慮依附的人，可能會是完全不一樣的處理方式。例如小正。

小正雖然對外都是努力展現自己最好、最認真的樣子。只是在關係中，當對方鼓起勇氣告訴小正，希望小正可以調整一下某些相處的方式，或是生活的習慣時，小正總是會崩潰地對伴侶說：

「我覺得你不能無條件地愛我與包容我，不能理解我，不能接納我，這讓我好受傷。」

✤ ✤ ✤ ✤

有時對於伴侶而言，這樣的溝通其實很耗能，因為，也許對方只是希望小正稍微調整一下，例如生活的小習慣，或者是遲到要先說等等，但**對小正來說，每一次伴侶的反應，都像是否定他全部的指責**。對小正來說，這是一件天崩地裂的事情。

實際上，小正的反應，正是**內在深怕「我不夠好」恐懼的反動**。因為內心覺得自己不夠好，因此當對方說出一些話、做出一些事，讓他這個「擔心對方覺得我不夠好」的生存危機、極度恐懼的情緒鍵被挑起時，他的生存策略反應是「指責、攻擊」，這也是焦慮依附常見的某一種生存策略，目的是希望能夠讓對方更包容、理解自己，也真心害怕著對方覺得自己不夠好，因此得用這樣的方式，**讓對方有罪惡感**，如此才能對自己停止期待。

這麼做，或許認為自我內在那種「我不夠好」的感覺就會暫時消弭，也可以安慰自己說：「也許，他現在還算滿意我。」但內心真正的懷疑：懷疑自己真的不夠好，對方是在忍耐自己……就會化成其他的行動，例如討好、更緊迫盯人等，不停想確定對方的心情。

於是，你、我可能都看到其中的矛盾：

我們可能不允許對方對我們不滿意，但其實，**對我們最不滿意的，就是我們自己**。

真正讓我們最痛苦、最傷心的，其實是小時候忽略我們的人

我們只是想藉由追求對方的包容與無條件的愛，像個嬰孩一般，安慰自己：「雖然我做不到相信自己很好，但對方至少能夠愛這樣的我，那我應該也還可以。」這種因為童年未曾滿足過的匱乏感，成為造成關係距離的親密恐懼，伴侶無法與我們溝通、調整彼此的期待與互動，而永遠淪為那個「覺得我不夠好」的罪魁禍首，但真正讓我們最痛苦、

11 引自《孤兒——從榮格觀點探討孤獨與完整》一書，奧德麗．普內特著，朱惠英、陳俊元、利美萱譯，心靈工坊。

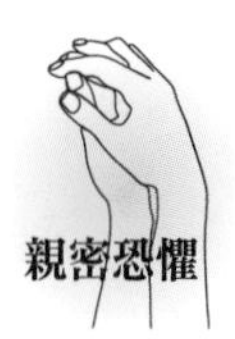

最傷心的，其實是小時候，這樣質疑、忽略、對待我們的人。

在這樣的情況下，幾乎沒有人可以達到小正的期待，最後可能是對方受不了而離開，或是小正過度失望而放棄關係。

✤ ✤ ✤ ✤

實際上，像阿文跟小正這樣的情況，很容易互相吸引。在關係中，彼此又因為內在親密恐懼的互相影響，各自都在對他人期待的想像，以及對他人和自己期望落空的失落中，因此，**最後很容易因為相互傷害而分開**。

而後，兩個人可能都出現同樣的想法：

對於這個世界、對於他人，我是不信任的。我雖然需要、也期待關係，但我也擔心靠近這個別人，讓別人走進心房，會讓我被傷害。

於是，我們除了害怕自己不被接納，也認為這個世界是不安全的，他人是會傷害我的，因此害怕被背叛的恐懼，就容易出現在與他人的關係當中，成為困住人生的枷鎖。

我不能完全信任人：會被背叛、欺騙的恐懼

小艾覺得，自己戀愛的路特別坎坷。

一開始，小艾總是會遇到她很欣賞的對象，在她眼中，對方是最完美、最棒的白馬王子。每一次，剛和對方在一起時，身邊朋友聽小艾的轉述，都會覺得這個男生是天下地上、獨一無二的超棒對象，但在一起沒多久後，就會開始聽到小艾跟對方無限爭吵循環。

原本都是小事，也許是男友有比較好的女生朋友、不習慣報備、朋友或興趣比較多……，對小艾來說，她能理解，也知道每個人都有自己的生活。但是談戀愛之後，伴侶如果有自己不知道的事情，小艾都會覺得很不安，她很想知道對方的一切，也希望無

時無刻都和對方在一起，若對方有自己不知道的事情，或是「想要保有自己的空間」，這些話對小艾來說都是警鈴，也都會讓小艾懷疑：

「難道是你不夠愛我嗎？還是你有事隱瞞我？否則為什麼不願意讓我知道這件事？」

上一次小艾和前男友吵架的原因，是因為前男友不想刪掉前女友的社群軟體帳號，吵到最後，前男友還對小艾說：「本來我就跟她很少聯絡，我是可以當著你的面刪掉，但如果我想跟她聯絡，我有太多方式了，這樣的刪除到底有什麼意義？」

也有一任前男友，對於小艾詢問自己前面的情史很反感。他對小艾說：「那些人都已經離開了，也都過去了，到底為什麼要一直問？所以我們之間的相處時間，一直在談論我跟別的女生的過去，你會比較開心？」

一方面，小艾也知道前男友說得很有道理，但另方面，對小艾來說，在感情中，當有事情不清楚、有線索不能掌握住，就會讓她產生很大的焦慮與不安感。因此她總是相信，只要她問清楚，對方願意跟她講清楚，那她就會不再焦慮了。

但事實上，這些焦慮總是越想越多、越問越多。對小艾的前男友們來說，解決了一個問題，還有一個問題，因此讓他們對小艾越來越不耐煩，而對小艾來說，明知道這樣讓人很煩，自己也很焦慮，但就是停不下來。

那種停不下來的感覺，讓她極為痛苦，所以她想著：「只要我問清楚，讓我不會有疑慮、不會不安就好了。」

但事實上，那一天永遠沒有到來，而她身邊的人，一個一個離她遠去。

他們對小艾失望，小艾也對他們失望，當然，也對自己失望。

「我是不是永遠都沒辦法找到一個可以信任、可以一直安心愛著的人？」小艾想著。

父親的外遇與母親的離開

當想陪伴小艾理解這種無以名狀的恐懼時，或許需要理解小艾的童年經驗。

小艾是家裡的老大，她還有一個妹妹。從小在小艾有印象時，父母就時常吵架，吵架的理由，時常是因為父親不常回家，或是有別的女人打電話來家裡找爸爸。直到有一天，父母決定離婚，媽媽私下對著小艾控訴著爸爸的外遇，並且哭著問小艾：「你要跟誰？」

基於對媽媽的同情，小艾選了媽媽，而妹妹跟了爸爸。但在爸媽離婚之後，有長達三年的時間，媽媽因為工作的關係，讓小艾住在外婆家，由外婆撫養，每年小艾只能見媽媽幾次。後來，或許因為工作穩定了，媽媽終於把小艾接回家。

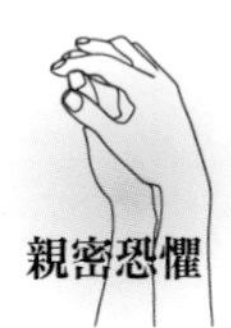

能夠和媽媽一起同住，小艾是很開心的，因為一直很愛媽媽的她，終於可以跟媽媽過著兩個人的生活，而不用跟外婆家一堆親戚在一起。可是，一回到媽媽家裡，她就感覺到：「這個家和以前不一樣了。」媽媽的男朋友，佔據家中的客廳，而**自己，就像是外人一樣**。

「會不會就不要我了？我會不會變成媽媽的拖油瓶？」

接下來的成長過程，小艾就在這個家裡，見證媽媽身邊男友的來來去去。媽媽總是跟她說：「男人是不可靠的，最終還是要靠自己。」而就像應驗這個預言般，媽媽不停遇到下個男人，經歷「應該就是這個了」的全心全意，到「他還是背叛了我」的失望，而這個過程，小艾都陪著媽媽度過。

可以說，小艾是媽媽愛情生涯的見證者，也是媽媽最好的閨蜜，總是看著媽媽在剛開始談戀愛時有多甜蜜，然後過沒多久，陪著媽媽流著淚，細數那些男人有多不值得信任，媽媽對他們有多好。

媽媽的這些分享，對於當時還在青春期的小艾，是很衝擊的：她一方面感覺到愛情的甜蜜，可以讓媽媽重新獲得人生的希望，自己也感同身受，另方面卻也感受到愛情的不可預期，另一個人好容易就會離開自己，好容易就不愛自己，不管一開始有多甜蜜。

除此之外，每次聽媽媽說著最近的戀愛對象有多好時，小艾**內心也總有一種隱隱的憂慮**，她既替媽媽開心，卻也好擔心，如果媽媽真的跟這一個對象修成正果，「會不會就不要我了？我會不會變成媽媽的拖油瓶？」

所以有時小艾會偷偷希望媽媽的愛情不要「修成正果」，這樣她才不會被拋棄；但對於自己這樣的想法，**小艾又充滿了罪惡感，於是她更努力去安慰媽媽、做到媽媽想要的事情**。

複製了媽媽的愛情腳本？

有些時候，小艾覺得內心空空的。她好渴望愛，但卻沒有人真的全心愛著自己。因此長大之後，小艾拚命尋找著屬於自己的愛情。每一份愛情在相遇時，總是如此美好，對方就像自己的命定之人，但不知道為什麼，在一起沒有多久，小艾就會感到不安，總覺得對方有一天會不愛自己、離開自己，所以她必須要努力注意許多日常的線索，避免自己內心最害怕的狀況發生。

但最後，這些人卻因為她的努力，而離開了她。

小艾也才慢慢發現，自己經歷的故事，與媽媽曾經歷的那些竟然如此雷同，她忍不住想，是不是她與媽媽的愛情都受到了詛咒，還是，到底發生了什麼事，讓她複製了媽媽的愛情腳本，將一切重演在自己身上？

理想化與幻滅的全有全無

在愛情中，或許你我都曾經歷過小艾或小艾母親所經驗過的過程：剛在一起時，看對方什麼都是好的，與自己好契合，根本就是自己的理想對象；但過沒多久，對方的優點變成缺點：有很多興趣，變成了沒時間投入感情；很認真工作，變成沒時間陪我；事事以我為主，變成了不思進取、沒有主見；老實木訥，變成了沒有情趣；小鳥依人，變成了太過依賴；獨立自主，變成了不懂撒嬌……**那些原本剛在一起的優點，卻都變成了缺點，為什麼呢？**

或許這是因為，在一段新的感情、友誼或其他新關係中，很容易經歷理想化對方的過程。例如交到一個新朋友，覺得他和我簡直相見恨晚，刎頸之交；遇到一個新對象，覺得他簡直是我內心的靈魂伴侶；遇到一個會照顧人的上司，就覺得他簡直是我遇過最好的主管……

這樣的理想化，在關係的一開始，或許會幫助我們更容易、願意投入感情，但卻讓我們的關係很容易因為「了解而分開」。

因為實際上，**所有的「理想化」，都是內心對他人的「投射」**。我們將內心需要對方成為的特質，投射在他身上（例如當他是有這樣特質的人，會讓我感覺到安全感），讓我們可以對這個關係滿意，感受這個世界是美好而安全的；當然，在這樣的過程中，我們也會自我感覺良好，那種「對方就如我想像的一樣好」，會形成一種「情感融合」的感受，讓我們感覺和對方是在一起的，是一起完整的，那是一種很舒服的感覺。

但實際上，每個人都會有他自己的樣子。他有可能部分符合我們內心極為欣賞、期待對方能有的特質，但他也有不符合的部分，因為他並不是按照我們內心的理想、被創造而出生在這世界的人。

也就是說，**這種「理想化」的過程，其實是某方面用來安慰自己**「這個世界還是有機會不讓我們失望」、「還是有人可以不讓我們失望」，讓我們對關係還可以產生信心，並且避免關係焦慮與衝突的一種方式。

因為，一旦對方完全是我們想像的，那就代表他完全可以理解、給予、滿足我們的需求，因此我們不用說，不用冒著對方會讓我們失望的風險，去與對方討論，因此，我們

就不會衝突，也不會因為沒有被滿足需求而感到焦慮或失望。

但是，如果對方不完全是我們想像的，要達到我理想的關係，例如我的需求與感受至少要被理解與看見，我就必須經歷去訴說、跟對方溝通，讓對方理解我的需求與感受，**也必須冒著不被理解或是對方做不到的風險與失落**。

在許多人的童年經驗中，這種不被理解、對方做不到的失望，實在是太令人受傷、痛苦，甚至覺得憤怒，因此為了避免造成關係的焦慮與衝突，讓自己先理想化對方，想像對方就是自己心中的樣子，會讓自己可以安穩於這樣的關係當中，被自己的粉紅泡泡包圍，非常滿足。

重複的愛情腳本：我愛的人總是會背叛我、離我遠去

但有一天，當這個粉紅泡泡被戳破（而被戳破的理由有時非常的小），我們又可能會經歷到對人與關係的極度失望，那時候靠理想化來控制的我們內在的信念、負面標籤與親密恐懼都會跑上來，告訴我們：

「你看吧，不會有人一直愛著你的。」

「你看吧，這些人總是會背叛你、讓你失望的。」

這些聲音跑出來之後，我們就戴著內心的那個有色眼鏡看著對方，**想像他就是以前讓我們受傷的每一個人**，然後，我們相信：

「在我的人生中，所有的愛情、關係腳本，都是一樣的。」

這種無可奈何，是一件讓人很傷痛的事。

生存策略造成的不同展現

某方面來說，**「理想化」一些人事物，是一種保護**。也就是說，當我們曾經驗過遭受背叛、對人失望的關係創傷時，用「情緒隔絕」、「不期不待沒有傷害」，不要與人產生深入的連結，或是不要期望別人可以給自己想要的東西，是我們學會、用來在關係中不受傷的自我保護方式；而「理想化」，則是另外一種自我保護的方法，因為當「理想化」一些人事物時，這幫助我們「活在自己的想像裡」。那個想像的世界，是我們所構築的、期待的世界，當活在這裡面時，可以安慰那個被真實世界的殘忍所傷害的，我們的心。

而且，「理想化」其實還有一個很大的用處，**它幫助我們可以在受傷之後，還能有勇氣跟這個世界、跟他人形成連結**，因為當我們相信對方是好的，我們才會願意再給關係一個機會，讓自己冒著可能受傷的風險，再努力一次。

「我不是不相信你，但我好難放下懷疑。」

但問題是，曾經發生的創傷還是在那裡。帶著「害怕被背叛」的親密恐懼，生存策略中偏向「戰」的人，可能就會在這樣理想化的關係裡，**一旦感受到一點危機出現，那個「生存焦慮感」一被引發，就會開始非常注意生活中的所有線索**，因此，各種詢問、查勤、懷疑……而對於使用這樣這樣策略的人，他們的內心其實有另一種矛盾與掙扎：

「我不是不相信你，但我好難放下懷疑。」

例如前面例子提到的小艾，就是這樣。

這對於小艾的伴侶來說，是非常不能理解的。因為大部分的人，都是用對方對待我的行為，來決定「他看我的方式」；因此若像小艾，是帶著「害怕被背叛」的親密恐懼，而且使用「戰」策略的人，這人的伴侶就總會感覺「伴侶是不相信我的」。一方面覺得挫折沮喪，另一方面又憤怒失望，那種「做什麼都沒有用」的無能感，特別會讓小艾的伴侶覺得挫折、失望，想要離開這段關係。

停不下來的焦慮

但對小艾來說，她很難言喻內心的複雜心情：她總在許多蛛絲馬跡中感受到許多恐懼、害怕自己會被騙，因此**忍不住懷疑**、**查勤**、**指責攻擊**；但另一方面，內心深處又知道對方不是真的會背叛自己的，但卻停不下來。

那些過往曾經遭受過的傷害，讓小艾的內心很難放棄可能讓自己「無法幸福快樂」的線索。嚴格來說，小艾相信，只要把那些線索、危險都去除、都確認，自己就能擁有幸福安全的關係。

但根本上，這是不可能的事。因為促使自己發現這些線索的理由，是因為害怕，而害怕產生焦慮、造成的懷疑，那種焦慮感是會隨時提醒自己，在這段感情中不能安心，必須一直不安地確認每一個小細節，確認這段感情是安全的。

那種**停不下來的焦慮**，對小艾來說，非常非常累，而她的伴侶，當然也是。

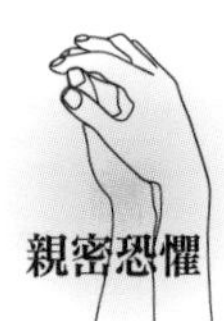

不跟任何人產生太深入的關係，讓傷害降至最低

在「害怕被背叛」的親密恐懼中，「戰」策略或許是最容易被辨識的；而使用「逃」策略的人，在關係中，則可能會出現一種情況：

像是阿青。阿青的伴侶總覺得，看起來阿青似乎對自己很好，但實際上，會感覺與阿青很有距離。

阿青的伴侶發現，有些內心深處的感受與想法，阿青不一定會想說。

而當有意無意問到阿青的價值觀時，會發現，阿青根本上是不相信人的，是抱著懷疑主義在看每一個與他相處的人，且內心隨時都準備好可能會被背叛，因此對阿青來說，盡可能讓自己這樣的傷害減到最低的方法，就是不要跟任何人產生太深入的關係，或是太相信別人。

✤ ✤ ✤ ✤

讀到這邊，或許你會發現：

在「害怕被背叛」親密恐懼中，使用「逃」策略的阿青，與帶有「我不夠好」親密恐懼的阿文，展現方式是有些類似的。不過，根本上還是有些不同：

內心深處中，**阿文的害怕，是擔心被別人看到「真實的自己」後，嫌棄自己而不被愛；**而

阿青更不相信的是他人，認為自己是可能隨時處在被背叛的狀況。

當然，阿文的內心對人也是不信任的，但他的不信任，更多是來自「我不相信我身邊的人有足夠的包容，願意接納這樣的我」；而阿青的不信任，更多是來自「每個人都是自私、都只顧自己的，只要為了自己的方便與利益，我隨時都會被犧牲、被傷害、被拋下」。

因此，展現的形式或許類似，但內心深處的感受是有滿大的不同。

當擔心自己被傷害，我們把他人看得很大，也把自己看得很小。在感受到自己可能被遺棄、被別人覺得不夠好的脆弱中，我們發現別人的情緒、評價，對我們的看法、言語，甚至行為，都可能會傷害我們。

我們是如此脆弱，因此，想盡辦法讓對方可以情緒穩定、情緒變好，如此我們就可以不被傷害，就成為我們在面對他人情緒的一種選擇：

「我必須要討好、順從對方，不然他的情緒會傷害我、淹沒我」。

於是，「害怕他人的情緒，所以我得順從」，就成為影響人際關係選擇的重要關鍵，也是接下來將談到的親密恐懼：「不得不順從的恐懼」。

我必須要按照別人想要的做：不得不順從的恐懼

從小，小芯對爸媽的記憶，就是不停地吵架。每次爸媽吵架，她都非常害怕。上小學時，爸媽離了婚，小芯跟著爸爸，離開了媽媽。因為爸爸工作忙碌，將小芯託給爺爺奶奶照顧了一陣子。後來爸爸交了一個女朋友，沒多久他們結婚了，才把小芯接回家。

結婚後一年，繼母生下了一個兒子。對當時已經是小學生的小芯來說，生活變得很不容易。繼母並不是故意的，但剛出生的弟弟總是需要比較多照顧，因此會忽略小芯是正常的。小芯很努力幫忙繼母，例如當繼母忙的時候，幫忙做家事、照看弟弟、做好自己的功課……小芯努力做好她能做的每件事，大人有叮嚀的，她一定做好，大人沒叮囑的，她會主動幫忙，做了許多超過她這個年紀能做的事情。

小芯的爸爸工作很忙，把照顧小芯的工作交給了繼母。不過，當爸爸回家時，十分在意小芯的功課表現。小芯很努力，但覺得自己似乎永遠達不到爸爸的標準，因為她感覺爸爸一直不滿意她的表現。

再加上，有一次奶奶來家裡看弟弟時，看著小芯，突然有感而發：「小芯，你要乖一點啊，你爸爸現在有兒子了，你不乖一點的話，會被送走喔！」

實際上，小芯的內心一直隱隱帶著這樣的恐懼，被奶奶這麼一說之後，她更是戰戰兢兢，努力想要讓爸爸和繼母滿意，做好每一件事情。

對繼母來說，與其說小芯是自己要照顧的女兒，倒不如說是超方便的生活小幫手。因此繼母跟小芯的關係雖然不親密，也還算和諧，一般的生活起居，繼母會照看小芯，提供她需要的物質，而小芯又是一個很會照顧自己的人，因此對繼母來說，並不麻煩。

小芯就在這樣的環境中長大，她考上爸爸要她念的學校與科系，畢業後，就進爸爸的公司工作，後來，和爸爸很欣賞的、一個爸爸好友的兒子阿哲相親。阿哲的家世、學歷、工作條件都非常好，長相也不錯。小芯想：這就是我夢寐以求的白馬王子了吧！於是，小芯開始和阿哲談起了戀愛。

不過，原本看似斯文有禮的阿哲，卻在交往之後，變得十分任性霸道。許多事情，時常要按照他的方式去做，如果沒有順從他，對方就會生氣，而這都讓小芯非常焦慮。

因此，小芯盡量順從、討好阿哲。每次遇到阿哲生氣，小芯都非常緊張，更努力討阿哲歡心，做到他想要的要求；阿哲自然對小芯的順從相當滿意，但小芯卻發現，阿哲的要求越來越多。從希望小芯穿裙子，到「約會時不准小芯穿長褲」；從「希望她注意力多花在兩人的感情上」，到「不准小芯單獨和朋友聚會」。

當小芯感覺到不對時，才發現自己的服裝、外型、交友圈、生活……每一項都在阿哲的控制當中。只要一點不從他的意、有自己的想法與意見時，對方就會勃然大怒，於是小芯非常害怕，再次順從對方的要求。

而爸爸一直很滿意阿哲，兩方家長也在催婚，但當阿哲的媽媽提出：「因為我們是大戶人家，不希望媳婦結婚之後還出去拋頭露面，希望小芯嫁進來之後，可以專心待在家，不要去工作，也才能好好照顧小孩。」

對於未來婆婆的這個提議，小芯知道自己內心是不願意的，甚至她不是很確定，是否真的想嫁給阿哲。但是爸爸已經替自己答應了這件事，同意讓小芯結婚後就離開公司。

小芯忍不住想，這真的是自己要的生活嗎？

「我必須要順從別人」的恐懼

從小芯的故事中，我們會發現，**帶有「不得不順從別人」親密恐懼的人，對於別人的情緒、需求都是非常敏感的**。這種敏感度，可能是天生，也可能是後天訓練的。

天生的意思是，有些人對他人的情緒、需求與非語言線索特別敏銳，這使得他們能夠很快速地了解別人的感受與情緒，且能力上也做得到，就可能會主動去滿足別人的需求。

比如我認識一個朋友，一群人聚會時，她總是會很快地發現別人的需求，並給予協助。對她來說，這不是一件辛苦的事情，而是一件自然的事情，她能輕鬆地注意到別人的需求，且她覺得遞個餐巾、拿個餐具是舉手之勞，也不會對她產生壓力。

✤ ✤

但有些時候，這種敏感度可能是後天訓練的。例如經驗過小芯這樣的童年，生活環境不停變動，主要照顧者也一再更換，**小芯一直感受到自己並不安全的危機感**，因為主要照顧者可能會更換，且他們對小芯的在意程度並不高，因此，為了獲取安全感，小芯**養成了一個很有效的生存策略：聽話**。

「聽話」，包含了討好與順從。這個策略，其實與兩種能力有關：

不僅僅是對他人的情緒敏感度高、容易知道他人的需求；也代表著，這個人能做到別人

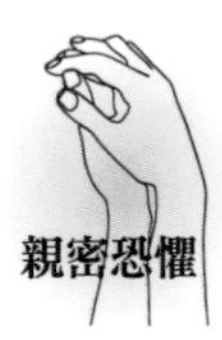

期待的需求，有時候甚至超乎他年紀所該做到，或能做到的。

令人心疼的「小大人」

也就是說，就如同小芯，為了要讓自己能夠「暫時安全」、能夠生存，她努力發展自己的生存策略，**讓自己做到超過本身年紀做得到的事情**，滿足大人、身邊的人的欲望，成為一個「很方便的人」。

這樣的小芯，就是所謂的「小大人」[12]。成為一個小大人，是小芯當時沒有太多選擇的選擇。這樣的選擇，的確讓小芯有些獲得，但也有很大的犧牲。

她犧牲了可以當小孩的童年，可以被照顧的機會，她成為大人的助手，甚至替代了大人的位置。那些撫育、被照顧、被理解……都離她很遠。

大人沒時間給她，以為她不需要，然後，從未得過這些的小芯，也以為自己不需要。

小芯以為，她的人生，就應該滿足所有人的期待。

而她的內心，也因為那些過往的危機感，導致她習慣在心中裝滿別人的需求，把能力用來滿足別人，而不知道，原來她也有需求，也需要被滿足。

只是，**從沒有得過的東西，要怎麼知道自己需要呢？**

這或許就是小芯在關係中，最苦惱，也最痛苦的部分。

因為，當一個小大人，最大的犧牲就是：

小時候沒辦法好好當小孩，而長大也沒辦法好好當一個大人。

那種內心恐懼、焦慮所造成的心情擺盪，讓我們一直只能是一個小大人，懷抱著匱乏與不安，扮演著僵化的角色，沒辦法安撫、滿足自己的需求，沒辦法提出自己的感受與需要，沒辦法保護自己，永遠成為他人的得力助手，**但永遠都不是自己生命中的主角**。

這樣的經驗，又讓我們自我懷疑，懷疑自我價值，時時感受到內心的匱乏沒有被滿足，而獨自啃噬著不安、獨自傷心著。

對他人情緒的恐懼與被遺棄的恐懼

處在「我一定要順從別人」的親密恐懼中，而什麼會讓他們形成這樣的恐懼，其實有著兩個更大的關鍵點：

12 小大人是指「親職化小孩」，本該是被照顧的小孩，但卻被迫在家庭裡擔任照顧他人的角色。

如同小芯的狀況。小芯在成長的過程中，學到了自己可能會成為多餘的那個人，因此努力順從別人、讓自己變得有用、不麻煩別人，可以讓自己保有這個家的位置，保有物質照顧的資源，保有自己不被遺棄的條件。

被遺棄的恐懼，的確在「不得不順從他人」的親密恐懼下，**更深一層地牽動小芯不安的心**。

但還有另一個關鍵點，使得許多人處在「不得不順從別人」、無以名狀的害怕裡，那是：

極害怕別人的情緒會傷害我、吞噬我。

小芯也有這樣的經驗。當很小的時候，**面對父母劇烈的爭吵時，孩子很容易把問題怪罪在自己身上**，即使那其實跟自己一點關係都沒有。

但那時候的自己，什麼都不能做，這種無力與脆弱感實在是太可怕了，因為這代表我可能是會被傷害的，而這環境不安全，我什麼都做不了，無法保護自己。

因此，學會順從、討好別人，就是小芯用來「管理」他人情緒，讓自己不被傷害的方式。

自我保護能力的形成，是自我價值的來源之一

有些孩子，從小必須要面對情緒起伏相當大的家人，甚至有精神與肢體暴力，每個孩子會在這個過程中形成自己的生存策略，保護自己不被對方的情緒傷害，而帶有「我不得不順從別人」親密恐懼的孩子，則是在當時，學會了「討好與順從」這樣的生存策略，用來安撫那個會傷害自己的人，也用來保護自己。

在我們小時候，十分仰賴主要照顧者，希望對方能成為那個保護我們的人，而在對方保護我們的過程中，我們可以學會：

- 我是值得珍惜、關注的。
- 我是有界限的，可以自我保護的。
- 我可以重視自己的感受與需求，對他人說不的。

這種自我保護能力的形成，對我們至關重大，因為這幾乎是自我價值的來源之一，也是建立自我界限的基石。而當父母、主要照顧者這麼對待我們時，我們就會知道：「**我是可以為自己這麼做的。**」

但若如同小芯或許多孩子，小時候沒有機會被大人保護，甚至必須保護自己的心，不要被大人的情緒、行為傷害。面對權力、資源都比我們強大的大人，使用「討好」的策

略，幾乎是我們能做的最好選擇。

既不會像「戰」一樣，互吵，造成自己的傷害；也不會像「逃」或「僵」一樣，讓我們失去與對方連結的機會，失去資源。

因此，如同我前面所說，「討好」幾乎是一種「戰」的變形：我積極面對問題並解決，但用的是安撫對方的方式。

✤ ✤ ✤ ✤

這也就是為什麼，我們會看到許多能力非常好、優秀的人，卻困在一段被錯待的關係裡。明明他擁有很好的條件與能力，卻只能待著、順從著、討好著。

因為，**當我們把自己的能力全部用在別人身上、用來服務別人時，就會被別人的評價與感受、反應給「控制」**，會有一種「不得不」的感受，而無法感受到自主與自由。

當我們過度在意別人的需求與感受，而奉獻出自己的心力時，即使再有能力，都會受困於那種「被控制」的感受，而沒有辦法感覺到：自己是有能力的。

因為那些能力不是為了我們自己，它永遠不能被辨識、被肯定，只能在我們做到別人的需求與期待時，讓自己暫時鬆了一口氣，覺得**暫時安全了**。

也就是說，因為「不得不順從的恐懼」，把力氣用在別人身上時，**我們不會肯定自己的**

能力，而是帶著焦慮，看著別人的反應、調整自己的行為。當對方的情緒穩定了、臉部表情放鬆了，我們才覺得自己「及格」而鬆了一口氣。

不管多努力，做得多好，都不會覺得自己很好，只覺得暫時安心，**暫時及格**。

這也讓我們沒辦法肯定自己的能力，建立自己的價值，因為我們的心，總懸在別人身上，我們的能力，總用在他人身上。

而自己，變成精神上很窮很窮的一個人，內心會覺得匱乏、憂鬱、自我懷疑，也是非常正常的。

當童年時為了要長治久安的生活，或是為了暫時的安全感，必須不停順從別人時，會讓人感覺不到自我，甚至會懷疑自我的價值；而有些時候，即使從小經驗到照顧者對我們有足夠的關注，卻可能會被對方的關注壓得喘不過氣，深深感受到自己被控制的感覺，那種「對方口口聲聲說為我好，我卻感覺不到好」的感受，會困著我們，讓我們在親密關係中懷疑與掙扎。

到底是要靠近你，被你控制？還是要遠離你，讓自己安全不要被傷害？那種「想親密，但靠近了就會被吞噬自我」的感受，形成對愛的複雜心情與矛盾，就這樣體現在長大之後的親密關係中。

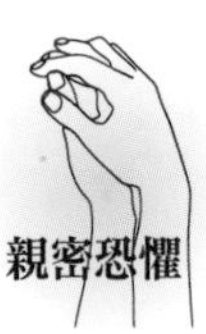

別人都會想吞噬我：「失去自我」的恐懼

很多人一說到阿威，都會想到彼得潘。

才華洋溢，和阿威在一起，生活就像冒險。阿威隨時都可以想到好玩的事，直接揪一堆朋友、同學去夜遊、去玩密室逃脫、去露營、辦派對……

阿威也有很多興趣、專長，大家總是欽佩他的活力，也佩服他把生活過得多采多姿。

這樣的阿威，當然遇到很多愛慕他的人。當阿威交了女友後，一開始總是對女友非常好，也會帶女友去接觸阿威有興趣的事物，例如滑雪、飛滑翔翼、看展、看舞台劇。阿威也會帶著女友做很瘋狂的事，例如半夜開車上山，邊看夜景邊喝紅酒，或是女友說想看海，阿威立刻抓起重機鑰匙、說走就走……每任女友都覺得，和阿威在一起，生活實在是太好玩了。

但這樣的阿威，卻很難有一段很長久的關係。戀愛常常談到一個程度，兩個人就開始不停吵架，然後分手。

原因是，阿威覺得，自己沒有想定下來。

他不懂，每天活得精采愉快，不是最重要的事情嗎？為什麼每個女生和他在一起之後，總是跟他要承諾，希望兩人的關係能夠「定下來」、希望能夠結婚；或者是，希望知道他的行蹤，想知道他的行程，或是要阿威可以多撥一點彼此相處的時間……那些承諾、互相告知行蹤，甚至希望他能多給一點時間，或是想知道阿威的想法、感受……在關係漸深之後，幾乎每任女友都會跟他要求這些，而這些都讓阿威很煩。

「不能每天過得開心就好了嗎？為什麼要有這麼多限制？」阿威這麼想。

阿威也會觀察身邊的朋友，他知道，他有些朋友，是很願意給予伴侶承諾，也很願意配合伴侶的需求；雖然有時朋友也會抱怨伴侶要求太多，但似乎沒有人跟他一樣，對於對方要求的一切深惡痛絕。

「談戀愛有時候就是要相互配合啊，你這樣太自我了啦，沒幾個女生受得了。」他的好友會這樣跟阿威說。但說歸說，朋友也知道，阿威是很難改變的。

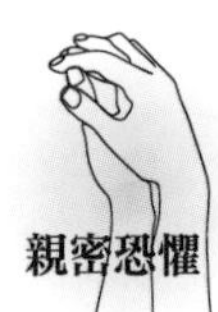

後來，阿威遇到了一個女孩，小香。小香給予阿威很大的理解與包容，也完全接受阿威的興趣。對阿威來說，小香是他理想中的對象，而且也給了阿威很大的安全感。

於是，第一次，阿威開始思考「結婚」這個選項。阿威想著：「也許，跟小香結婚，也是還不錯的生活。」

於是，阿威主動跟小香求婚，兩家人也開始準備結婚的相關細節，一切看起來都非常順利……沒想到，在結婚前兩週，被小香發現，阿威和別的女生上床，而且是在他們準備要結婚的新家主臥房裡。

小香當下就轉身離開，再也不跟阿威聯繫，接下來的婚禮也取消了，一些相關的取消事宜，都是由小香的父母、朋友與阿威碰面、幫忙處理。

小香再也沒有跟阿威見面。

阿威非常的後悔，他知道他非常愛小香，也知道自己犯下了很嚴重的錯誤。但連他都不理解自己，為什麼會在最幸福的時刻，做出這樣的選擇，將自己與小香推下懸崖？

他只知道，在開始準備婚禮的時刻，他感覺自己就像被綁在懸崖上，心情煩躁不安，但他不知道自己發生了什麼事。

是什麼，造成阿威的親密恐懼？

被母親控制的童年

阿威的爸爸是校長，媽媽是國小老師，而阿威是家中唯一的孩子。身為校長的爸爸，因為工作地點在外縣市，只有週末才能回家，因此在家中主要管教阿威的是媽媽。

阿威的媽媽是一個非常負責任的人，也非常嚴格，對於孩子的生活習慣與學業要求都非常高，並且要阿威學很多才藝。童年的阿威，幾乎每天時間都被填滿，學著媽媽要他學的東西，做著媽媽要他做的事。

阿威知道媽媽很辛苦，爸爸不在時，媽媽需要獨自照顧他，但媽媽將所有的注意力都放在他身上，什麼事都要報備，什麼事都要按照媽媽的決定去做，這樣的生活讓阿威喘不過氣。

因此阿威後來學會「陽奉陰違」這招，表面上盡量做到媽媽要他做的事，但常常蹺補習班跟同學去玩，或者是說在念書，其實偷偷去朋友家打電動。

後來，有一天阿威回家時，發現個性總是很強勢的媽媽，居然在哭。原來是爸爸說受不了媽媽的個性，想要跟媽媽離婚。

媽媽哭著對阿威說：「我為了這個家、為了你付出所有，結果你爸爸居然說要跟我離婚！我做的這一切到底是為了什麼！」

這些話，對當時還是國中生的阿威來說，實在是太難承受了。那種很深的罪惡感與極度想逃開的壓力，讓他一言不發，沒多久，他覺得自己真的承受不住，心裡很煩躁，於是他拿著書包，轉身離開了家，丟下了在家哭著的媽媽，約同學去KTV唱歌。

後來，阿威很晚才回家，不意外地遭受媽媽的責備。媽媽對他又罵又推，數落著她為阿威做了這麼多，阿威居然這麼沒心肝，一點都不懂安慰媽媽，又哭著說阿威就跟他爸爸一樣，沒有良心，無情無義。

那一晚，阿威站在那裡，聽著媽媽罵著他，他一句話都沒有說。

後來，阿威爸媽並沒有離婚，但阿威感覺媽媽對他的掌控越來越高，除了會接送阿威上下學，嚴格控管阿威的交友，甚至會趁阿威不在家時，跑到阿威房間，翻動他的東西，然後把他收藏已久的棒球卡、郵票都丟掉。

「我是為你好，你現在應該要好好念書，玩物喪志。」

阿威覺得，自己恨透了這個家，「只要我有機會，我一定要離開這個家。」於是，當阿威一考上媽媽理想中的大學之後，他就選擇住校，久久才回家一趟。

對阿威來說，他知道媽媽愛他，但他不知道，媽媽愛的是真正的他，還是懂得滿足媽媽、不會反抗的他？

活在這種被控制的愛裡，阿威感受到的，從不是愛與親密，而是忍耐與被控制。

這也是他一直以來對愛的理解。

會「失去自我」的親密恐懼

從阿威的故事中，會發現：

阿威有著相當嚴厲的、控制型的母親，對於阿威的一舉一動、一言一行，都必須按照母親的標準去做。

在這樣環境中生長的孩子，很容易會出現一種感受，那就是：

「我就像木偶一樣，我的感受、想法、需求都是不重要的。」

而若孩子的性格與阿威類似，很希望保有自己的想法與感受，在內心裡，孩子就必須要用很大的力氣去抵抗父母的干涉與影響。

於是，**「拒絕」成為阿威與他的第一份親密關係——也就是與父母關係的主旋律**。「我需要先拒絕他們，否則他們會否定我的感受、想法、決定，會侵犯我的界限，甚至吞噬我

的自我意志。」這是在這樣的關係中，如阿威這樣性格的孩子，時常會抱持著的心情。因為，若自己不小心心軟、投降，人生就會完全掌控在父母的手中，而自己也會完全被控制。

這使得阿威時常會處在兩種情緒當中：

一種是讓自己「沒有感覺」。只有沒有感覺，才可以盡可能按照父母的要求去做，而不起過大的衝突。

另一種是「憤怒」，對於父母的控制、要求、侵犯界限，這些所謂「愛」的行為，都讓阿威認為對方是自私的，從不考慮阿威的心情。

但這些憤怒，阿威不一定會表達出來，因為，面對這樣的媽媽，阿威還有另一個情緒，那就是**罪惡感**。

「至少，媽媽是那個沒有丟下我、留在我身邊的人，如果我對她生氣，是不是代表我真的跟爸爸一樣，是一個不知感恩的人？」

但在與媽媽的互動中，阿威也深刻體會：「很多事情，媽媽如果覺得是這樣，我解釋了也沒用。」因此，這也養成了阿威不習慣替自己解釋，覺得解釋了也沒用的習慣。

因為對方不會聽。

這些在童年所經驗到的與父母的關係，讓阿威感受到：

親密關係其實就是控制，只要對方想知道我的事，就是想要控制我、操控我、要求我。

不要隨便讓對方為我做事，因為這些都會成為對方怨恨我、抱怨的理由。

不要輕易進入承諾的關係，因為那代表的是「要負責任」，而我是會讓人失望的，就像我跟媽媽的關係一樣。

因此，**對於阿威來說，逃跑或暴怒，就成為他的生存策略**。「解釋、說明自己是沒有用的」，曾在母親那邊獲得這樣經驗的他，進入屬於自己的親密關係後，理想化地認為，如果是真正愛他、懂他的人，應該是他什麼都不用說，對方就會懂；而對方若不懂，解釋再多也沒有用。

而一旦對方想要更靠近他、更理解他，他內在的「親密恐懼」——「我會被控制、失去自我」的感受就會出現，於是他就會逃跑、離開一段關係，或是用暴怒掩飾不安，與對方爭吵、冷漠相對，直到這段關係可以結束。

害怕被控制，又害怕自己讓人失望

這樣的生存策略，原本在遇到小香時，似乎有機會能夠被破解，因為小香和他之前遇到的伴侶都不一樣，她沒有讓阿威感覺自己是被控制的。

但到要進入婚姻關係時，自己曾目睹父母吵吵鬧鬧的關係、媽媽的付出與怨懟、自己曾讓媽媽失望的感覺……那些複雜的罪惡感、不安、自我懷疑全都跑了上來，以及阿威內在一直對人的不信任感：

「他人是危險的，是不想要理解我的；會控制我、讓我自我感覺不良好，而且會對我失望。」

於是，那種「害怕被控制，又害怕自己讓人失望」的感覺，攫住了阿威，讓阿威下意識地選擇了在結婚前夕與別的女生上床，而且還被小香抓姦在床的行動。

「我總是會讓你失望的，因為你有天會不滿意我，而那時，你就會想控制我，而我也會對你失望。那麼，還不如讓你對我徹底失望。」

於是，阿威自己選擇了一個行為，讓因為「恐懼這個不可控的未來所造成的焦慮」消失，以讓這件事情變成可控的，因為結果就如他所期待，小香對他徹底失望了，而他也失去自己珍惜的愛。

阿威重複的愛情腳本是：「每一個說愛我的人，都不了解我，只想控制我來滿足自己」，以及，「我總是會讓對方失望」。

那種「想要親密，卻又害怕被控制」的心情，常使得許許多多的阿威，親手斬斷了自己的幸福。

✤ ✤ ✤ ✤

如阿威一般，有著「進入親密關係就會失去自我」的親密恐懼時，在童年的經驗中，常常經歷著「自己的想法、感受、需求不被注意」，生活的一切，都是大人說了算，對於關係，也同時經驗著失望與失落。

當帶著這樣的經驗長大，我們對於關係可能懷抱著許多情緒：既期待能夠被滿足，但過往的經驗又讓我們知道，要得到想要的愛，要能真正被理解、被重視，是一件很不容易的事。

於是，我們雖然在愛中，但卻永遠不滿足，永遠覺得不安，或是有東西讓我們覺得不夠。

這，就是最後一個要談到的親密恐懼：「我永遠得不到想要的愛」。

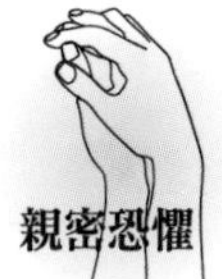

「永遠得不到想要的愛」的親密恐懼

「穿梭一段 又另一段 感情中 愛為何總填不滿又掏不空
很快就風起雲湧 人類的心是個無底洞
嘗試親吻 嘗試擁抱 或溝通 沒有好感再嘗試也沒有用
大多數人都相同 喜歡的只是愛情的臉孔」[13]

阿平想，這首歌大概可以描述他這些年的感情生活。

阿平擁有世人稱羨的好條件：年紀輕輕就是上市櫃公司老闆，談吐、外型得宜，沒有什麼不良習慣。有著這樣的條件，阿平身邊不乏伴侶，但阿平從來無法經營一段穩定的感情。

「我常常覺得，跟他們在一起，我不知道他們可以給我什麼。」阿平時常有這樣的感覺。他並不是不會孤單，但在覺得孤單時，遇到適合的人，投入感情往往沒有多久，就感覺到一種失望感升起。

那種失望感很難言喻，像是對方不懂自己，也像是自己與對方的付出永遠不成比例。

「我總覺得，我能給對方的，或已經給的，都比對方給我的還多。而對方常常不理解我，沒辦法給出我想要的，有些甚至只會跟我要東西，好像我是阿拉丁神燈一樣。」

面對關係，阿平有許多的失望與憤怒，但是，他從不會讓伴侶知道自己的失望與憤怒，只會在忍耐到一段時間後提分手，頭也不回地離開。

有時候，甚至不提分手就消失。

「如果對方夠愛我，他就應該懂我，不是嗎？要把話講得那麼清楚，就好像要跟對方要感情、索討一樣，我不喜歡。」

13 蔡健雅，〈無底洞〉。

和阿平一樣，小琳也有類似的感受。她時常覺得，不知道為什麼，她的伴侶，永遠做不到她想要的，也永遠不是她想像的樣子。

即使一開始談戀愛時，總是感覺那麼好。

小琳還發現，自己很容易被冷酷型的男性，也就是類似「霸道總裁」款的對象所吸引。對方可能很忙碌，可能對她常常不假辭色，但偶爾有空時，會對小琳溫柔一些，或是偶有佳作，出現一些體貼的、浪漫的行動。

於是，面對感情，小琳一樣會失望與失落。她總希望對方多點時間和她在一起，能更重視她一些，但是與阿平不同，她是採取「犧牲奉獻」的方式：

「如果我想要他怎麼對我，我就應該怎麼對他，對吧？」

因此當對方對小琳冷淡，沒有時間陪她時，小琳會展現出更大的包容與理解，或是更努力表現。例如在對方工作忙碌的時候，幫對方打掃家裡；在對方很累的時候，燉雞湯給對方喝；一手包辦對方平常沒有時間處理的雜事等等。

但是，當小琳感受到對方不夠重視她，或是發現對方忽略她感受時，小琳非常痛苦不安。例如傳訊息，對方沒有回應；在她為了對方做很多事時，對方沒有特別說些什麼；或者是，對方總是忙於工作、興趣，而沒有主動關心小琳。

小琳會對伴侶感到失望，但是小琳不會明顯地表現，她只會繼續為對方做很多事，然後突然到某一天，就爆炸了。

爆炸的方式，可能是突然冷戰，或者是跟對方大吵，挑剔對方的所有表現，認為對方就是不夠在乎自己。

而關係，時常在這樣的爭吵之後，最終結束。

童年的影響

阿平的童年，是在忽略中長大的。

阿平的父母很年輕就結婚，也很早就分開了。媽媽在離婚後就離開阿平身邊，出國念書。阿平的爸爸是個公司老闆，小時候會安排一些人來照顧阿平，於是從阿平有印象時，自己身邊就一直有不同的阿姨、保母、家教老師，負責煮飯等家務，或是照顧他的生活與功課，但他沒有覺得自己跟誰比較親近。

而當爸爸問，最近這個阿姨／保母／家教老師怎麼樣，阿平總是說還好。

因為對他來說，**這些人總是不夠好**，或許他們都有一定的功能，但是對他來說，這些人就是不夠好，但是哪裡不好，他也說不出所以然。

而爸爸這麼忙，說了，也不能被理解，「還是算了吧」，阿平這麼想。

於是，從小的阿平，就發現：自己總是覺得孤單，所以很需要旁邊有人，但是這些人，又常常不是自己想要的人。

一直感受這種「不足」與「失望」，就是阿平童年時的主旋律。

在阿平上國中之後，媽媽返回台灣，並且開始找阿平見面，關心阿平的生活。阿平可以感覺到媽媽是關心自己的，但卻覺得跟媽媽有種距離感。

而且阿平覺得自己對媽媽有些生氣，但又覺得，媽媽好像也沒義務要把阿平看得那麼重要，追求自己的人生也是重要的事。

因此，阿平忍著內心的情緒，讓自己每隔一段時間跟媽媽吃飯，聊些無關痛癢的生活瑣事，而這，就是他和媽媽的關係。

✤ ✤ ✤ ✤

小琳也是在父母很忙碌的家庭中長大。小時候，小琳的父母在市場擺攤，非常忙碌，身為長姐的小琳，不但要照顧好自己，還需要照顧弟妹、幫忙父母，因此，童年的小琳，幾乎都是身為父母幫手的存在。

後來，小琳最小的妹妹出生，小琳的爸媽也從市場擺攤變成開了店面，找人來打理，因此有比較多的空閒時間，也多了很多時間陪伴小琳的小妹。

小琳看著爸媽陪著年紀尚小的小妹玩，將小妹照顧得無微不至，和「靠自己長大」的小琳比起來，「這真的是公主比女僕」，小琳心裡暗暗地想。

原本小琳也期待，如果爸媽可以這樣對小妹，那是不是也可以調整對她的教養方式？是不是也能多給她一些關心？但她發現，當她沒有幫忙父母，或是沒有做到父母的期待時，父母對她仍然充滿了抱怨與批評，甚至是冷漠。

長大出外工作後，小琳更有這種感覺。

當家裡的店面給弟弟繼承，而弟弟經營不善，店面被迫收掉，父母收入銳減後，小琳感受到，父母只有在她拿錢回家時，才對她有一點好臉色，其他時間，當她回家時，父母總把她當隱形人，他們的注意力，都是在弟弟與妹妹身上。

即使後來媽媽生病了，小琳暫時辭去工作，全心全意照顧媽媽，但媽媽離世時，連看都不看她，心心念念著那個還在國外打工度假，即使媽媽病重也沒有返國的妹妹。

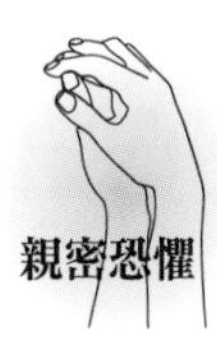

「對父母來說，我是多餘的吧，只是一個有功能的、方便的存在而已。」小琳想著。

「得不到想要的愛」的童年傷口

從阿平與小琳的童年故事中，會發現，形成「得不到想要的愛」的親密恐懼，有很大一部分，與童年的情感忽略有很大的關係。

例如阿平，雖然小時候身邊不乏照顧他生活的人，但是，缺乏一個主要照顧者的情感投注與關懷，這使得阿平從沒有機會和人形成親密感，因為沒有一個一直會在那裡回應他、關注他，總是在那邊而不會離開的人。

在阿平的身邊，所有的人都有功能，但所有的人也都可以被替代。

因此，阿平在日後的關係中，幾乎很容易陷入這樣的困難：用功能、條件去選擇對象，但無法表達自己的想法、感受與需求，因為從沒有這樣的習慣，也不希望在表達之後，因為對方的做不到，反而感受到更深的失望。

前面有提到，**不足與失望，幾乎是阿平童年的主旋律，也是他內心在關係中最深的傷口。**

因此，為了避免這樣的失望，阿平用條件來選擇，頻頻更換伴侶，再從關係中逃走……他用這些方法，盡可能讓自己不要掉進那樣的失望感當中。

✤ ✤ ✤ ✤

而小琳，因為童年的經驗，則是讓她用討好、取悅、犧牲奉獻的方式，希望換取得到理想中的愛，即使這些伴侶總是讓他失望，就跟她的父母一樣。

矛盾的是，**小琳幾乎會找尋類似她的父母的伴侶**：對她的付出無視，甚至情感上冷漠，會忽略她的需求；然後小琳努力對伴侶犧牲奉獻，希望有一天，可以改寫她人生的腳本。

那就是：有一天，我愛的人會因為我的努力，終究可以看到我的重要，能夠愛上我。

但最終，小琳找到的都是情感匱乏的人，於是她對伴侶付出再多，給予他們好想要的東西，但她永遠得不到對方的回報。

「我愛的人永遠會讓我失望」，這種在愛情中的永遠匱乏與失望，就成為阿平與小琳重複的愛情腳本。

「得不到想要的愛」是一種遺缺

帶著「得不到想要的愛」親密恐懼的人，童年幾乎都有經驗過，主要照顧者讓自己感覺：

- ◆我是不重要的。
- ◆對方是不能依賴的。
- ◆自己是一定會失望的。

那種情感的忽略與失落，讓人感受到極大的痛苦，也造成我們對自己與對世界的不滿意。

有著這樣親密恐懼的人，在感情中，非常需要感覺到自己很重要，對於關係的要求也相當嚴苛，很容易在對方的表現不如自己的預期時，立刻做出「對方是不能依賴的」的結論。

對於有著這樣親密恐懼的人，還有一個對關係殺傷力很大的習慣，那就是：

時常對關係、對伴侶失望，但**不太會說出自己的感受與需求，因此對方常常不知道**。

因為，從小沒有人會聽自己的心聲，因此，沒有說出感受與需求的習慣，而「害怕失望」的這種感受，很容易會攫住帶有這樣親密恐懼的人們，如同阿平與小琳，如此，就更難說出自己的感受了。

我的內心有空洞，但不知道能填滿我的是什麼

實際上，「得不到想要的愛」，是一種忽略、一種遺缺，一種「我從來沒有得到過的東西」，因此，**我可能從來都不知道它該是什麼樣子**。

我可能會感受到我的內心空空的，而我不懂這個空洞是什麼，因此我解釋成「這可能是我對目前關係、對他人的不滿意」，

只是，**這種「對於他人的不滿意」，也很容易造成「我對於自己的不滿意」**。

這可能會使得我會花很多時間增加我的技能，更加努力做到一些事。例如像阿平一樣，追求世俗的主流價值，或是跟小琳一樣，努力照顧別人，讓自己對別人有用；而當進入戀愛時，阿平與小琳的內心，仍希望對方能夠提供他們「想要的感情與理想的關係」。

但問題是：若從未得到過我想要的關係時，而從小又習慣被忽略感受與需求時，我又怎麼知道，自己想要什麼樣的關係與感情呢？

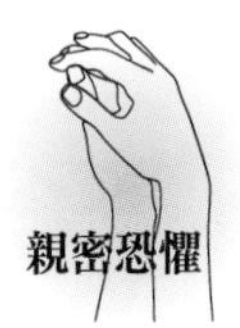

因此可能帶著這種「我的內心有空洞，但我不知道能填滿我的是什麼」的心情，我可能一直陷入那種「永遠得不到自己想要的愛」的恐懼當中。因為我會發現：不管我多麼努力，我永遠得不到我想要的關係。

因為我根本不清楚，我真正想要的到底是什麼。

而這種**對愛的飢餓感與空虛感**，總讓我不停地追求，對追到手的東西不滿意，留在不滿意的關係裡，卻也不知道，我真正滿意的關係，是長什麼樣子。

給在恐懼中的你、我

有的時候，我們會在愛中掙扎，

感覺對方給的愛永遠不夠。

我們懷疑自己，會不會不夠好，留不住愛，

若現在兩人之間夠好，會不會哪天就糟了，
若現在不夠好，是不是他沒有這麼愛我了？

矛盾的是，當對方把對我們的愛與欣賞展現出來時，
我們也不見得相信，
內心那個唱衰魔人總是會挑剔自己，
讓我們心裡，只想往自己想像的、對方心中那個最理想的伴侶前進；
所以我們可能討好、挑剔、遠離，注意著對方的一言一行，擔心他覺得我們不夠好，
但又生氣著他對我們的不夠注意與重視。

其實最終，我們都忘了，
若我們不相信自己夠好，夠值得被愛，
對方說什麼，真的都沒有用。
我們聽不到對方說的，只一直反覆咀嚼內心的恐懼，
習慣用固定的模式與方法處理焦慮，

例如更去討好、更去努力做到他想要的，或是更為控制對方、逃離對方，
但最終，那都不是我們真正的樣貌，也會讓我們把對方越推越遠。

試著放過自己吧，相信自己夠好，相信自己不需要草木皆兵，
或許這真的不是容易的事情，
但是只要你願意相信，信任的力量，會對你的內心帶來支持與穩定，
而你終於能夠用新的方法安撫內在惶惶不安的自己，
終於可以跟你內心的小女孩／小男孩說：

「你不用害怕，你很好，我愛你。」

那麼，你身邊伴侶對你的愛與肯定，
才能成為你生活中的錦上添花，
而不再是你永遠捨不得用，卻又視之如命的雪中送炭。
我們一起，試著理解，溫柔地討好自己，好嗎？

第四篇

辨識你的愛情腳本、療癒你的親密恐懼

了解內在的親密恐懼

以下的一些問題，能幫助你辨識自己的親密恐懼樣貌。

了解自己親密恐懼的樣貌，是為了更理解自己在愛情中不安的理由，以及促使自己執行生存策略的原因為何。

請將這些問題當成探索自己內在的敲門磚，讓自己有機會更理解自我對愛情的感受與看法。

□我時常擔心所愛的人會離開我，或是不愛我。

□有時我會感覺伴侶不了解我、不重視我的感受，而我會懷疑這是我哪裡沒有做好，因此我可能會付出更多。

□我認為沒有恆久不變的關係，因此伴侶或身邊的人來來去去都是正常的。我不會讓自己太在意一段關係，或陷入感情中。

□當進入一段關係，或是遇到對我溫柔的人，我就會覺得對方是我的命定之人，我會很快向對方做出承諾，認定對方。我會對這段關係付出努力，但最終對方還是會離開我。

□有時當伴侶沒有把重心放在我身上時，我會感覺有些焦躁不安，我可能會變得積極、黏人，或者我也可能會變得更冷漠。

不夠好的恐懼

□我不習慣告訴伴侶我的感受與想法，說太多的自己會讓我不自在。

□對我來說，在關係中給予承諾是困難的，因為我會很擔心當我做不到時，伴侶會對我失望。

□我不太能確定關係對我的重要性，有時也會覺得關係好像可有可無。

□我很習慣把每件事做好，即使談戀愛，我也有其他重要的事該做，但伴侶常常不能理解，會覺得我不夠重視他。

□我不太習慣提出需求。有的時候，我甚至不知道自己想要什麼。

害怕被背叛、欺騙的恐懼

□我時常會擔心、想像對方欺騙或背叛我的狀況。

□我在關係中常常惶惶不安，會留意許多線索，確認對方是否是誠實的，還是欺騙了我。

□當伴侶的注意力不在我身上，或是做出跟平常不同的回應，我腦中總會警鈴大作，認為對方是不是隱瞞我什麼事。

□在一段關係中，我追求的是不被欺騙、不被拋棄的安全感，而在追求安全感的過程，有時會讓我忽略關係的品質。

□有時候，我知道我不是不相信伴侶，但當生活有任何讓我覺得「不對勁」的事情出現時，即使是很小的事，我都會沒辦法忽略，一定要追查、追問個水落石出，甚至造成大吵也在所不惜，事後，我會有些後悔，但很容易每次都這麼做。

不得不順從的恐懼

□我很害怕衝突，在關係中，為了避免衝突，我會隱藏我的感受與需求，不讓我的伴侶知道。

□我不習慣被照顧，很容易會覺得欠對方或是麻煩了對方。

□我的心情很容易被他人／伴侶的情緒影響，而我會很想要做一些事情來安撫對方情緒。

□當伴侶有情緒，而我沒有做些什麼時，我會有很深的罪惡感。

□我很願意配合伴侶的需求，我做的很多決定，似乎都是繞著伴侶的需求而做的。

□我不太清楚自己的需求是什麼，我總覺得身邊的人開心，我就開心了。

被控制的恐懼

□我不喜歡告訴伴侶我真正的感受與想法，我認為對方可能不能理解。

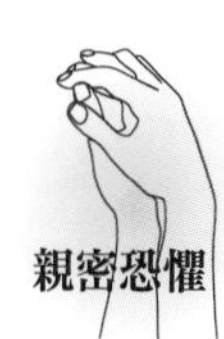

□對我來說，在關係中給予承諾是困難的，因為那代表我放棄了一部分的自我，而我可能會被對方影響生活，甚至控制。

□有時，我覺得談戀愛有點麻煩，一個人生活好像比較簡單。

□伴侶常說我的思考很理性，不會說一些安慰的話，但我認為我只是說出事實。

□有時我會覺得，有一點距離的關係其實滿好的。

□當伴侶照顧我，或是為我做一些事時，我會覺得有壓力。

得不到想要的愛的恐懼

□找尋對象時，我很容易特別用某種條件來篩選，例如：家世、工作、外貌、才華……

□我認為真正的愛，就是需要無條件地包容我與愛我。

□我時常覺得伴侶不了解我，也不重視我的感受。

□當進入一段關係中，我就會覺得對方是我的命定之人，我會很快向對方做出承諾，但過沒多久，我可能就會失望。

□我常常覺得我對伴侶的愛與付出比他對我的還多。

□即使更換了不同的伴侶，我發現自己在關係中與伴侶起衝突，或分開的原因，時常是類似的。

了解親密恐懼對我們的影響：認識你在親密關係中的生存策略

在前面的篇章，或許你對親密恐懼已經有基本的認識，也大略知道怎樣的親密恐懼影響著你的親密關係。

這個篇章，我想要鼓勵大家，在了解親密恐懼之後，更深入地了解親密恐懼對我們的影響，以及如何影響你形成親密關係中的生存策略。

在我們面對親密關係的時候，會形成三個面對關係時的感受：

一、你可靠嗎？我可以依賴你嗎？是否我需要的時候，你就會出現在那裡，還是你其實會拋棄我、丟下我、背叛或欺騙我？

二、你願意照顧、理解、接納我的感受與需求嗎？你會注意、回應我的需求，還是

你只會要我回應、照顧你？

三、我對你重要嗎？你會注意到我嗎？還是你可能會忽略或不理我，甚至拋棄我？

了解這三個問題的答案，或許能夠更進一步了解你的親密關係。

我想邀請你，藉由這三個問題，思考：

◆這三個問題是否影響了你對於親密關係的看法？

◆如果用這三個問題來思考你的親密關係，你的答案會是什麼？

◆這樣的答案如何引發你的感受、想法，而你會因而選擇怎樣的行為？

而對這三個問題的答案，就是我們對自己在親密關係中的狀態，包含感受、思考與行為初步的理解。

了解親密恐懼如何影響這些「答案」，並且形成我們在親密關係中的行為，也就是生存策略，就是接下來的療癒重點。

開始療癒你的親密恐懼

……了解你的內在：是什麼促發你的親密恐懼，讓你停不下來？……

了解、接納與自我安撫

當了解是哪些親密恐懼影響我們時，會發現：即使覺察了，但在某些特定的場景、感受升起時，心中仍然停不下來那種恐懼與焦慮感，使得我們又會緊抓著過往的生存策略不放。

因此，**了解是什麼會造成「情緒重現」**，並且加深親密恐懼，讓我們得用舊有、僵化的

生存策略應對，以至於使我們無法跳出重複的愛情腳本，就會是接下來我們需要練習的方向。

感受

先了解形成親密恐懼的導火線：觀察你的「情緒重現」

在《羞辱創傷》這本書中，我談到「情緒重現」對我們所造成的影響。如果與父母、重要他人曾造成一種重複的、長期的關係創傷（CPTSD），這會使得在遭遇類似的情況時，過往的負面情緒會被喚起，這會讓我們就像回到當時的狀態一樣，被許多情緒籠罩、淹沒，例如罪惡感、羞恥感、痛楚、恐懼、害怕、無力感……這就是「情緒重現」。

當這樣的「情緒重現」出現時，對我們來說是不安全的。對大腦來說，這就是一個「危機」，在這樣的危機中，就會出現「焦慮」的情緒，而「焦慮」的出現，會讓我們急於想要恢復有安全感、控制感的狀態，因此，就會出現一連串的因應想法與行為，這就是一直以來的「生存策略」。

但前文提到，有時候因為我們太過放大那些危機，即使沒有這麼大的刺激，但因為感受很相像，一樣可能會造成「情緒重現」，而那麼大又熟悉的負面情緒群，就會讓我們誤以為：現在正在遭遇一個很重大的危機，就跟以前一樣。**我們就可能用「最高規格」的生存策略來面對這個狀態**，使得因應的行動是沒有彈性、僵化的，反而失去了對現實的判斷，使得關係可能造成傷害。

就像是：一個因為受損，而變得很敏感的汽車防盜器，風吹過去就會叫，因為每次都叫得很大聲，所以車的主人都以為發生很嚴重的事，但後來發現沒有怎樣，但主人也不敢忽略，於是疲於奔命……

過往的創傷，讓內心對於危機的警報器受損，變得過於敏感，於是我們的內在就像是那個疲於奔命的主人，總是覺得好累，但又不敢放下任何一次「情緒重現」的提醒。

因此，**留意每次你的「警報器」**——也就是情緒重現出現的原因與場景，讓你先知道：什麼情況下，你的警報器會開始響？

留意、了解你情緒重現的狀態之後，我給大家四個步驟，讓大家能夠在面對親密恐懼時，有機會減緩自己的大腦掉進「戰或逃」的狀態，能夠重新評估，選擇對現在更有幫助的行為。

練習「不掉入親密恐懼循環」的四個小步驟

1 警報器（感受）：你的親密恐懼是什麼？什麼場景會引發你的警報器，勾起屬於你親密恐懼中的情緒重現？

在這個步驟，過往沒有處理完的情緒，是最容易箝制我們思考與行為的關鍵。

在後面章節談「感受」的部分，我會分別說明這些常見的強化親密恐懼的情緒，是如何出現、存在並且造成影響。

2 情緒重現時，會讓我出現怎樣的想法與行為？

想法：也就是我們內在的唱衰魔人，他會對我們說什麼？

行為：為了減低焦慮、增加安全感，我們習慣執行的生存策略是什麼。

3這造成什麼結果？重複的愛情腳本

這使得我們開始形成內在負面標籤，也就是對自己的看法。例如：我是沒人愛的、我是會被拋棄的，然後，逐漸形成了屬於自己的「內在信念」，例如：我永遠都沒辦法遇到一個真正愛我的人，他一定會覺得我不重要、拋棄我。

於是，我們採取了某些生存策略，例如更忽略自己、更順從對方，反而讓對方不尊重我們，最終離開我們；然後，我們更相信自己是會被拋棄的……而這樣的循環，形成了內在重複的愛情腳本。

4評估內在需求（行動目的）以及衡量現實：現實這件事有那麼嚴重嗎？我真正的害怕又是什麼？我真正想要的是什麼？

「釐清現實」是掉進親密恐懼中的我們最不習慣做的事，但唯有用「現在的自己」來練習判斷，思考目前的現實所經驗的事件，是否真的需要如此警戒、害怕或擔心，我們才能從一次次的評估中，建立起自己的警報器標準，而不至於每一次都掉進過度警戒、放大危險的狀態中。

這四個步驟其中的細節，我將分成感受、想法與行動，在後面的章節細說。

不過，在這裡，我想為大家舉一個例子，讓大家更理解這四個步驟可以如何練習。

例如：小艾在對方沒有回訊息或沒有接電話時，就會非常焦慮，這使得小艾出現一連串的「戰」的生存策略，例如狂傳訊息、狂打電話給對方，引發對方的不悅與不被信任感，兩個人開始吵架，關係變得更差、距離變得更遠。

此時，如果用前面提醒的步驟：**觀察自己的「情緒重現」**。小艾慢慢地把注意力回到自己身上，觀察自己的內心發生什麼事，就會發現：

1 小艾發現，自己的親密恐懼是「害怕被背叛」，因此，在對方沒有接電話、回訊息、冷淡、沒有回應……時，這些事件不論大小，都會造成情緒重現，小艾會出現害怕、擔心、不安……讓她很焦慮。

2 這些「情緒重現」的感受出現時，小艾發現自己內在會出現一些聲音（想法）：他會不會正在做背叛我的事？會不會有什麼壞事發生，我不知道？

內在的唱衰魔人會一直跟小艾說：他可能沒那麼喜歡你、他可能現在被別人誘惑、有別人比你更好……

這會讓小艾更加不安與焦慮（情緒），於是就會促使小艾做出（行為）：狂打電話、狂傳訊息——也就是希望控制著對方、控制住場面，讓事情不要往最壞的地方走的生存策略（戰：控制別人）。

3對方因而感受到自己不被信任、被打擾、煩躁，兩個人吵架，關係變得更差，這是一個在小艾感情中常見的互動。

小艾變得更不安，而小艾知道這不是自己想要的結果。

4小艾發現，自己內在真正的需求，是因為情緒重現造成的焦慮不安，希望藉由確認與控制對方，感受對方的回應，來獲得安心與被安慰，也藉此確認彼此的關係是安全的，讓焦慮下降。

但實際上自己的行為，反而會讓對方更煩躁，讓彼此關係變得更差，而小艾也變得更不安。

焦慮下降後，小艾發現，當對方在上班時間時，沒有接電話這件事似乎並沒有那麼嚴重，對方的理由也很合理，自己也可能會發生這樣的事情，但是當在關係中出現這樣的事件時，就會讓小艾非常緊張。

因此，先了解自己：

◆時常出現在**親密關係中衝突**的狀態。

◆了解自己會因為情緒重現出現怎樣的感受、想法、行為。

◆這個行為又怎樣傷害關係。

這就是我們理解自己的第一步。

療癒親密恐懼的步驟，說難，不難，但實際上，在這四個步驟中，**了解自己的內在發生什麼事，是療癒親密恐懼最重要的事**。因此，接下來我們會一步步去討論這些步驟中的小細節，讓大家試著探索時常影響內在的、因為過往創傷造成的情緒；練習辨識自己真正的需求，並且提供一些小技巧，讓大家學會「自我安撫」，安撫自己的焦慮。

了解這些內功，才有辦法讓我們更清楚知道自己在關係中真正的需要，以及如何行動，才有機會有更順暢的溝通與擁有良好的關係，而不至於一直陷入重複的愛情腳本中。

放下自我毀滅的羞恥感與習慣性的罪惡感

「情緒被忽略」所造成的羞恥感

我在之前的著作，曾重複提到「情緒被忽略」可能對我們造成的負面影響。不過，在我們過往的成長經驗中，情緒被忽略，甚至因為有負面情緒、表達需求而被攻擊，是一種很常見的教養方式。

例如，當我們哭泣的時候被父母或大人責罵；受傷、挫折的時候不被安慰，反而被要求要忍耐，甚至被責怪：「誰叫你不小心」、「你的抗壓性也太低了」、「你也太自私了吧」……

出現這些情緒需求時，我們會因為他人對待的方式，了解自己出現負面情緒、需求時，是否能被人理解與接納，藉此感受到自我價值，以及與他人的連結（親密感）、安全感與信任感。

但當我們的情緒、需求被否定，甚至攻擊時，這讓我們感受到，自己的情緒、需求是個「錯誤」，是不應該存在的，這不但會連結到自我價值，感覺自己是沒價值、不被看重的，還會造成一個很巨大的影響：

我們會因為這樣的攻擊，產生很大的恐懼與焦慮，於是，我們會內化這些攻擊者的話語，變成自我攻擊、自我規訓的方式，以避免自己再被攻擊。

唱衰魔人

因此，過去因為有情緒、需求而被攻擊所出現的羞恥感，會在之後內心出現情緒、需求時，內在所內化的攻擊者，也就是我所謂的「唱衰魔人」。

「唱衰魔人」會在此時毫不留情地攻擊自己，讓我們出現與當時被父母、大人攻擊時同樣的「羞恥感」，覺得自己有情緒、有需求是不對的、是不好的、是很丟臉的，於是我們會「自我管理」，**用這些內化的唱衰魔人，來限制自己「不准」，或是壓抑自己的情緒與需求**。

因此，許多有著「親密恐懼」的人們，習慣不表達自己的情緒與需求，並會在自己有情緒時出現很大的羞恥感，而這樣的羞恥感，引發一連串的情緒重現，使得我們會用過往習慣的生存策略來「調節」自己內在因恐懼而引發的焦慮。

例如：一對男女朋友有些口角，女生有些委屈地哭了。男生一看到女生哭，立刻大聲地說：「哭哭哭，你只會哭！有什麼好哭的！」或是在女生哭的時候，一句話都不說，變得非常冷漠。

三種親密關係恐懼者

如果是**帶著「我不夠好」的親密恐懼者**，過往經驗中，父母的情緒，都是讓自己感覺自我不夠好的線索；當自己有情緒時，更會因此被父母的情緒攻擊、否定。

因此別人的情緒代表「自己不夠好」，而自我因他人引發的情緒，更讓自己有羞恥感，因為「負面情緒是不好的」。

如此，有著「我不夠好」的親密恐懼者。很容易會用冷漠、沒有反應的情緒隔絕，來防衛自己因為伴侶情緒而引發「我不夠好」的羞恥感。

又例如，**帶有「我會被控制」的親密恐懼者**，一方面，會在面對伴侶的負面情緒時，產生很大的罪惡感，因為感覺到自己沒有辦法做到對方想要的，因此對方才會有負面情

緒；但是另方面，又因為過往成長經驗的影響，認為對方的情緒是用來控制與否定自己，以此要自己按照對方的需求做；因此面對對方的負面情緒時，不但沒辦法安慰與靠近，反而會出現很大的憤怒，並且拉開距離。

還有些**帶著「被遺棄的」或是「不得不順從」的親密恐懼者**，在面對他人的負面情緒時，自己的負面情緒升起，反而會因此覺得自己有負面情緒是不對的，因此會努力安撫、順從出現負面情緒的伴侶，反而忽略了自己的感受與需求，兩人的關係變得非常不平衡。

✤ ✤ ✤ ✤

情緒的忽略對我們至關重大。若在童年，一直有著情緒被忽略、被否定的經驗，我們很難接納自己有情緒這件事，面對自我的情緒也很容易批判。

遇到開心的情緒，就會跟自己說：「樂極生悲，千萬不要太開心。」遇到負面情緒，例如憤怒、挫折、悲傷等，又會跟自己說：「不能有這些情緒，這樣代表抗壓性太低，而且有情緒就是不理性、情緒化。」

於是最終，我們用各種防衛綑綁自己，越來越不理解自己真正的感受與需求，也不允許自己有情緒、有需求，因此在**面對他人的情緒與需求時，很容易用焦躁不安、煩躁、否定、憤怒或盡量安撫、順從，而非理解的方式展現**。

而這些「生存策略」，都是讓我們在親密關係中「卡住」，無法更了解對方與自己，也無法更增進關係親密度的癥結。

懷抱著羞恥感對我們的影響

為了逃離這個羞恥感，我們必然要用許多的防衛、良好的表現來製造出一個「很棒的自己」，以此來逃離那個丟臉的、不夠好的自己。

因此，尋求他人的讚賞、過度努力、完美主義、過度自戀、理想化自己或他人、不看或不接受自己的脆弱情緒或缺點……不論是極度挑剔、貶低自己；還是過度放大、看高自己，這兩種看似相反的表現，很多時候，其實都是為了逃離我們內心的羞恥感。

那種「我是不好的」感覺，一直沒有被辨識，卻一直和我們在一起，影響我們的每個行動。

但最終，我們所有的努力，只是希望能夠讓自己逃離這種一直懷抱著羞恥感，懷抱著「我不好」的痛苦而已。

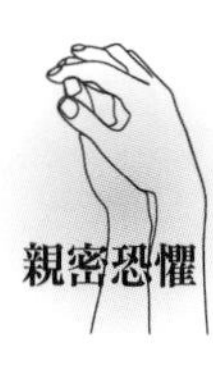

習慣性的罪惡感：為了忽略自我需求、不憤怒而形成的保護機制

關於習慣性的罪惡感，我時常在著作中提到這個情緒對我們的影響。

實際上，這個情緒對我們影響甚深，特別在要對他人建立界限、表達需求，甚至表達憤怒時，**「習慣性的罪惡感」**會升上來，**阻止我們做「保護自己」的表達**。

◆「我的情緒會不會造成別人困擾？」

◆「我的需求是不是太過任性？」

◆「我的憤怒會不會讓我被人討厭……」

「習慣性的罪惡感」是我們內在一個盡責的情緒壓抑者，它會幫我們包裝、壓抑、翻轉內在的情緒，讓我們無法辨識自己真正的感受與需求，讓我們只注意到別人的需求與感受，只表現出身邊的人可以接受的模樣。

然後，我們可能就會做對方希望我們做的事。

所以，「習慣性的罪惡感」是一種被訓練出來的情緒，它讓我們感覺到「我們沒做到該做的事」，因此我們會繼續用自己的生存策略，忽略自己的情緒與需求，也難以建立與他人的界限。

習慣性的罪惡感，是我們被馴化的結果

但「習慣性的罪惡感」，除了馴化我們的行為，讓我們可以「利他」，其實還對我們有很大的功能，所以我們才會讓這樣的情緒留在心中，讓它可以來管理（壓抑）我們真正的感受與需求。

那個功能，就是：**讓還是小孩的我們不會憤怒，削減我們的攻擊性，也讓我們忽略自己的需求，才不會覺得不公平**。

然後，我們才不會為了爭取自己的利益而與他人起衝突，也不會因為憤怒而攻擊父母或大人，因為還是小孩的我們，可能會因為攻擊他們，而造成受傷、不被愛，或是得承擔更多大人的情緒，或是衝突後的結果。

因此，習慣性的罪惡感，可以說是我們被馴化的結果，為使我們不以自己的需求與感受，而是以他人的需求與感受為主；但其實也是一種保護，在我們沒辦法用表達自己的感受與需求、建立界限來保護自己時，它成為一種有點扭曲、迂迴的自我保護方式。

因為當我們對於父母、大人忽略我們的感受、侵犯我們的界限、控制我們等等感到生氣

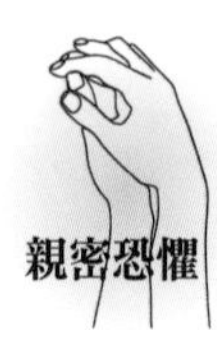

時，如果習慣性的罪惡感跑上來，就會讓我們覺得：

◆「我怎麼可以這樣想！父母也是為我好。」
◆「媽媽這麼辛苦，我怎麼可以不體諒她。」

例如，前面提到的「會擔心失去自我」的親密恐懼者阿威，當他對媽媽生氣，覺得媽媽不尊重他的需求與界限、不停控制他時，如果他真實感受到憤怒，並且跟媽媽起很大的衝突，他很可能會被貼上「不孝」、「不體諒媽媽的辛苦」等外在的負面標籤，而已經失去爸爸的他，還需要冒著失去媽媽的風險。

因此，那些發不出去的憤怒，化作習慣性的罪惡感，在內心跟阿威說：「媽媽也是很辛苦」、「你怎麼可以不體諒媽媽」，那就可以讓阿威吞下那些對媽媽的憤怒，而變得某些程度的順從與配合，也讓那時候的阿威不需要承擔太多與媽媽衝突的成本。

不過，**這些被吞下的憤怒並不會消失**，因此那些憤怒被存了下來，在日後阿威與伴侶互動，出現類似的場景與感受時，憤怒會被召喚回來，而媽媽不能丟，但伴侶可以換，所以**阿威對伴侶憤怒的展現方式，就是離開這段關係**。

「習慣性的罪惡感」背後隱藏的「憤怒」

某方面來說，阿威對媽媽的憤怒也是用這樣的方式展現：煩躁、冷漠與逃跑，這讓他可以不用直接攻擊媽媽，但憤怒仍需要有出口，於是就化成了逃跑、冷漠、煩躁等反應。

因此，當我們發現自己有「習慣性的罪惡感」時，必然要去探索，這背後可能會有隱藏的「憤怒」，而這些憤怒，我們把它藏到哪裡呢？

理解那些憤怒，不是把錯怪在對方身上，而是了解自己被錯待，因此重新找回憤怒，是幫助自己理解自我的感受、需求與界限，憤怒也會讓我們願意保護自己。能有勇氣表達自己的需求，而不是總是吞忍。

「憤怒」並不是不好的情緒，反而是能保護自己的情緒。能知道自己與他人互動中有自己不想要的部分，才有機會真實理解自己的需求，建立自己的界限，也才會減少我們沒有直接發怒，卻很容易對父母、伴侶出現的「煩躁感」。

那些煩躁，很多時間，是因為那些忍耐的怒氣沒被看見，最後反而用沒有消化的方式，頻頻影響我們的心情及與他人的互動。

有許多人對於「憤怒」是很害怕的，認為憤怒會影響關係，也會傷害別人。但了解情緒，與選擇如何表達，這其實是兩回事。我們知道自己憤怒，但可以選擇讓自己的話可以被聽見、被理解的表達方式，溫和、堅定而清晰地說出我們的界限與需求。

有的時候，當我們總是需要用很生氣，或很大的聲音、反應去表達，那或許是因為，我們沒那麼確定自己的情緒與需求會被接納，因此會以為必須要這麼大聲、這麼大的反應，對方才會把我的情緒看在眼裡，才會不得不重視。

但如果我們是理解、接納自己的情緒，並且認同自己的界限，清楚知道：**其實沒有人真能影響我們，除非我們願意給他這個權力**。那我們就可以了解，不用大聲，**只要我們站在自己這邊，就可以堅定地表達自己內在的真正需求**。

但前提是，我們已經傾聽、理解並接納自己的情緒與需求，而且已經消化過自己的情緒，選擇了一個有助於關係，也能清楚表達自我的溝通方式，與重要他人傳達我們內心真正的感受與想法。

不評價自己的情緒

這也是為什麼我時常強調「接納自己的情緒」的重要性。

唯有不評價自己出現的情緒，我們才有辦法更透徹、深入的理解自己。因為如果有否定、有評價，對自己的理解必然會停在表層，我們會因為那些否定、評價而出現羞恥感，當羞恥感攫住我們，我們就什麼都聽不到、看不到，**只會待在一個名叫羞恥的洞裡**。

因此，如果想要真正理解自己，知道自己的需求是什麼，並且希望脫離羞恥感束縛，與減少使用造成關係傷害的生存策略，讓自我可以好好表達，我們就需要在傾聽自己的聲音、理解自己的情緒時，完全不做任何的評價，只理解、接納自己的情緒狀態，以及真正的內在需求。

投射性認同：界限模糊造成的自我看法被影響

了解自己的情緒與需求，可以幫助我們區分哪些情緒與需求是別人的，哪些是自己的，而這，其實**就是幫助我們建立人我界限**。

在許多戀愛成癮、共依附的親密關係中，很容易會發生彼此情緒界限極為模糊的情況，而當其中一方無法辨識自己的情緒與需求，也無法辨識自己內心的羞恥感與自卑感，因為極大的情緒重現，自身無法處理時，反而會把這些情緒感受、內在負面標籤等都丟到另一方身上，是極為常見的一種現象。

而如果另一方的情緒界限與自我價值、認同、情緒與需求辨識都是模糊的，就很容易接受對方丟過來的這些情緒與負面標籤，變成我們看自己的樣子，也誤以為自己是這個樣子。

這就是所謂的「**投射性認同**」。

例如：

以「不得不順從」的親密恐懼者小芯，與他的伴侶阿哲為例。

阿哲或許是抱持著「我不夠好」與「害怕被遺棄」的親密恐懼者，並且以「戰」為生存策略。當他進入親密關係時，「控制別人」是他在親密關係中獲得安全感的方式。因此他會努力影響小芯，要小芯按照他的方式去做。一旦小芯沒有順從，他就會否定、羞辱小芯，讓小芯不得不按照他的方式去做。

對阿哲來說，他內心擔心自己不夠好，這個自我會被發現並且被拋棄、失去關係，因此他選擇將感受到自己不夠好的部分丟到小芯身上，**把小芯變成那個不夠好的人**，這樣他就夠好，因此「夠好的人控制不夠好的人、往更好的地方走去」，也就更加順理成章。

當阿哲把那些「擔心自己不夠好」的焦慮都丟到小芯身上時，也會讓阿哲鬆了口氣，這樣他可以保持自我感覺良好，也合理化他控制小芯，讓小芯順從他的行為，因為他的價值觀才是好的、對的。

而「不得不順從」的親密恐懼者小芯，就在這樣的過程中，接下了那個「我就是不好的、差一等」的負面標籤，如此更加削弱自我價值、自我認同與力量，因此更認為自己沒有能力可以反抗阿哲，只能按照阿哲的方式去做，不然她可能會被有力量、比較強大，也比較好的阿哲傷害，如此，更加強了她的脆弱跟無力，更相信自己是沒辦法提出自己的需求與反抗的。

因此，兩個人的地位越來越不平等，阿哲越來越控制小芯的人生，周遭的人也越覺得阿哲是好的，小芯是沒用的，於是小芯必須越來越依賴阿哲的標準，得藉由順從他、獲得他的肯定來得到一點自我價值，再也沒辦法成為一個獨立的個體，兩人的關係於是進入了一種惡性循環。

這樣的場景，你是否感到熟悉？這，其實就是後來變形的pua，也是在親密關係中常見的一種手法。

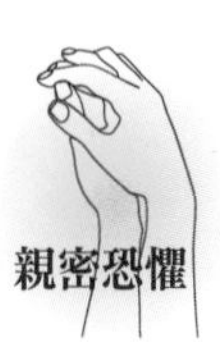

了解自己的親密恐懼、感受與需求，其實也是幫助自己，**能夠不要把對方投射過來的議題、情緒，全部都收下來，變成自己的一部分**。

一旦我們把別人的問題當成自己的問題，問題處理不完不說，處理的也都是別人的問題，而不是自己的。

害怕被拋棄的脆弱感，讓我們急需一個「拯救者」，卻容易所託非人

「被拋棄的恐懼」會引發我們內心的脆弱。

這種「脆弱感」，會讓我們感受到無力、不可控。對大腦來說，這是一個很大的生存危機，因此，我們會想盡辦法避免這樣的脆弱感發生。

當因為「被拋棄的恐懼」而產生這樣的脆弱感時，會讓我們焦慮，而**沒有習慣接納負面情緒的我們，就會讓「焦慮」帶著我們跑**。

「焦慮」時常會讓我們採取策略，來因應、暫時安撫這種害怕被拋棄的「脆弱感」，讓我們可以不用真實感受這種「脆弱」，不用真實直視自己的恐懼。

最常見的因應方式有兩種：

◆我害怕被拋棄，所以我將「可以拉出我脫離這種脆弱感」的力量與可能，全都寄託在另一個人（關係）身上，只要我能找到一個對的人，必然能拯救我脫離這種脆弱、會被拋棄的感覺。

◆我不喜歡這種會被拋棄的脆弱感，所以我排拒。我不喜歡所有會讓我感受到脆弱的關係，如果我在關係中，會感覺到自己害怕、擔心失去這個關係，或是發現對方與我太過親密，讓我太在意，甚至出現害怕失去、吃醋等負面情緒，我會變得冷漠，讓自己可以離對方、離關係遠一點，保持自己不被對方影響，是我感覺安全的方式。

這兩種生存策略看似對立，但其實要解決的是一樣的問題：

「我不想被脆弱感影響，我想要找到一個方法，讓自己可以對抗這種脆弱感，讓自己感覺有控制感、有力量。」

如果我相信有一個對的人可以拯救我，那我就可以相信這個「脆弱感」是有解的，也許我就能稍微忍耐內心的不安，或是我就會努力確定、檢視現在這個人是不是「對的人」；如果我相信，只要讓自己不要出現這種脆弱的情緒，那我就不會被傷害，也不會

恐懼，我就會相信，不讓別人太靠近自己，不要太在意別人，就是解決這個「脆弱」的最終解。

✤ ✤ ✤ ✤

但其實我們都沒發現，這種被拋棄的脆弱感，對孩子的我們影響很大。但對於擁有力量、資源的現在，我們再也不是那個比較脆弱的、沒有資源與很少選擇的孩子，我們已經擁有一些力量，一些技能，可以直視這個恐懼，感受這個脆弱，了解自己內心一直受的傷，也了解原來自己一直都——這麼孤單、這麼寂寞。

然後，我們終於可以開始不用把這個脆弱感當成問題，馬上想策略解決。

而是可以**真實理解這個脆弱對我們的影響，然後接納它，讓內心的小孩知道，我們已經長大，可以不用這麼害怕**。

我們可以成為拯救自己的那個人，也不會因為和別人深入交往，就讓自己受傷到無以復加。

或許，別人的離開會讓我們傷心，但是，我們仍然擁有愛自己的能力與力量，我們還是可以撐著自己，可以建立新的關係，可以繼續感受愛，給予愛。

因為，我們是愛著自己的，我們相信，自己是值得被愛的。

那些離開，只是因為彼此的緣分與選擇，而非我不夠好，所以被拋棄。

那些離開一樣會讓我們失落，但並非是「我不夠好」、「我不被愛」的懲罰。

那麼，我們也許就有勇氣脫離「求拯救」、「排拒他人」這兩種策略，願意真實地去看這個世界、看周圍的關係，練習挑戰自己的害怕，建立屬於自己的、真實的親密關係。而非總用自己的想像，或是畫地自限。

當我開始接納自己的情緒之後，我可以怎麼面對我的親密恐懼？

辨識

當我練習接納自己的情緒之後，我可以**在每次「情緒重現」時，練習辨識：「這是屬於現在這個事件的情緒，還是與過往經驗有關？是因為創傷與未竟事宜所造成的情緒？」**

如此可以幫助我們辨識，這個情緒與現在、與我們互動的人有關，還是其實與我們過往

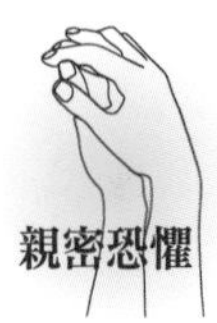

互動的人有關。

如果我感覺到自己有負面情緒，可以問問自己：

◆這個情緒是什麼？

例如：是害怕嗎？我怕什麼？為什麼呢？而我又因此想逃避什麼？

◆我現在的感覺是什麼？為什麼如此想逃避？而此時我對自我的感覺如何？

我可以藉由這樣的自問自答，更了解自己所害怕、逃避的情緒本身真正的樣貌，而這就是我們不逃開情緒，直視情緒本身，並且**開始讓自己不用和以前一樣方式、反射性反應的重點**。

這就像是《哈利波特——阿茲卡班的逃犯》中，哈利最害怕的事物，不是佛地魔，也不是他誤以為跑出來要殺他的天狼星，而是催狂魔。

路平對哈利說：「這就說明，你最恐懼的是——恐懼本身。」

很大的原因是，當哈利沒有看清楚催狂魔的本質，而被催狂魔攫住時，被催狂魔吸走的快樂回憶，而讓我們覺得「再也無法快樂起來了」，這才是真正傷害哈利的手段。

也就是說，催狂魔（恐懼）本身，不是真實直接給我們傷害，而是會促使我們的內在，失去一些可以支持自己的希望感，並且自我懷疑，且聯合恐懼一起傷害我們自己。

因此，真實看清催狂魔的手段，也就是恐懼本身所代表的意義，以及它所造成的影響。我們將發現：這些恐懼或許能影響過去的我們，但對現在的我們來說，或許它不足為懼。

安撫

當我發現這個情緒或許與過去有關，現在只是「導火線」，而我可能開始敢直視、看清這個情緒時，或許我就能開始對自己說：

「嘿，我看清你了，我可以不怕你，現在的我承受得住，我不用因為你的出現，就懷疑自己。」

我可能會不安，因為我曾經受傷過；我可能會害怕被拋棄，因為我曾經失去重要的人；我可能擔心被控制，因為曾經有人忽略我真實的感受；我可能擔心別人覺得我差勁，因為我曾經被這樣否定過……

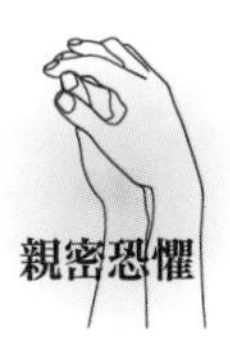

但是啊，**現在的我是自己的主人**，我有一定的資源跟力量，我可以決定我要成為怎樣的人，我也可以去應對，因為**現在的我有選擇**。

所以，我可以安撫自己：

「我知道你現在有這種感覺，這可能會讓你覺得自己不好、糟糕，但其實這不是真的。仍然有愛我的人，我仍然擁有力量可以照顧自己、保護自己。我也可以選擇愛我愛的人，他們並非都想控制我，或是想讓我受傷、對我失望。我是安全的，不會因為他人的對待而影響我的價值。我值得被愛、我有價值，而我的心，也承受得住那些別人期待我滿足他、但我沒做的失落與失望。因為我永遠跟自己是同一國。」

找一些自我安撫、照顧的方法，包含洗個熱水澡、喝個熱茶、輕輕按摩一下自己，喝個水……

「情緒重現」很難熬，但即使再難熬，它都是會過去的，就跟風暴一樣。

當我們了解它出現的理由，讓自己在其中，以最舒服、最好的姿態，保護並陪伴著自己，讓這個風暴過去，而不是跟著這個風暴自我傷害、懷疑自己，那麼，這個風暴就會過去，然後，你就懂了：

原來，現在的我，是可以陪自己撐過去的。

這個經驗，可以帶給你對自己新的看法與力量。你終於發現，自己在這些恐懼、憤怒、罪惡感、羞恥感面前，再也不是無能為力與無法承受的。

「我是能保護自己的，我是有力量的。」

然後，我們真的懂了這件事。

重新選擇

當能夠安撫自己因為情緒重現所造成的創傷感受時，我們的反應可以不再那麼反射動作，非得要選「戰或逃」，而是可以讓自己冷靜下來之後，了解自我真實的狀態，評估現實的判斷、自己的需求，來**重新做出真正想要的選擇**。

關於「重新選擇」的部分，因為與想法、決定及評估現實有關，這部分在後面的內容會再細說，因此在這一個階段，讓自己可以不用馬上跳到過去的反射、自動化選擇，包含不再攻擊自己、攻擊他人、情緒關閉等，就已經是非常大的進展，也是我們這階段最大的重點：

在面對過去的恐懼、面對自己的「坑」，盡可能選擇不要馬上跳下去，就是我們現在的努力與方向。

想法

……了解你的想法如何決定你的行為：停止負面標籤的傷害。……

內在的唱衰魔人

我自己曾經有個經驗：

我的內在有著「所有人都會離開我」（遺棄恐懼）以及「我永遠不夠好」（缺陷恐懼）

的害怕，因此我很害怕在親密關係中產生衝突。

每當產生衝突，我就會升起非常大的情緒，那是相當複雜的感受，包含恐懼、焦慮、憤怒、挫折感、羞愧感、罪惡感、自我厭惡……那是一種宛若溺水的窒息感與全身冰冷的感覺。

那時，我的內在就會有個聲音跑出來，它會告訴我：

「你知道嗎？你就是沒人愛，就是沒價值，沒有人會愛這樣的你。」

這個聲音、這些想法，就成為我浮沉在情緒重現的痛苦情緒中，更強力的一擊，讓我深信我內在的信念與負面標籤：

◆我是沒人愛的。

◆我是沒價值的。

◆不會有人能接納這樣的我。

◆我做什麼都沒有用。

◆這世界沒有人值得信任……

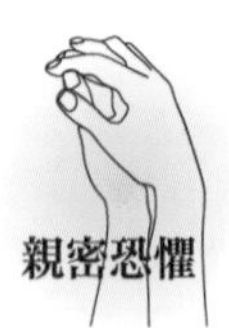

隨著這個聲音，內在負面標籤就這樣一個一個跑出來，就像是拳擊手一樣，重擊我，把我打得跟豬頭一樣。

後來我才發現，這個聲音，就是我內在的「唱衰魔人」。

他看起來很討人厭，但其實他的存在，是因為我們的過往經驗過這樣的痛苦，所以他因應而生，努力當一個「忠臣」，負責提醒我們：

現在又是之前遇到的創傷狀況了。

你看就是這麼痛苦，你要趕快用之前的方法因應。

但問題是，這個「忠臣」就像個警報器一樣，但卻比我們實際上需要的狀況還要敏感，也就是說，他就像是「一朝被蛇咬，十年怕草繩」。他的敏感，讓我們連看到充電線、繩子等都會誤認成蛇，然後，他會逼迫你，得用面對蛇的方式，高規格對待。

這樣的「高規格」，如果一兩次還好，但如果每一件事都如此警覺敏感，人會一直處在焦慮與恐懼當中，無法感覺到安全感與舒適，甚至會想要「未雨綢繆」，提早去避免所有讓自己變成這樣狀況的可能性。

當用戰、逃、僵、討好來應對

於是，當我們一直處在恐懼之中，特別是，若親密關係非常容易引發我們這樣的恐懼與焦慮，我們只會想辦法去控制自己的感覺、控制別人或環境，想盡辦法要用「生存策略」避開感受這樣的恐懼與痛苦，而無法真實理解現在的狀況，判斷目前親密關係的問題，以及認識自我與對方。

例如，如果我相信了唱衰魔人，我就會認為對方是一個會拋棄我的人。如果我使用「戰」的策略，我可能會想盡辦法要控制對方，確認對方的一舉一動，希望讓自己不要掉入「被拋棄」的境地中。

或許，我也可能會使用「逃」。我可以控制自己，盡力讓自己照顧好自己、不要依靠對方，也不花太多時間在親密關係中。所謂不期不待沒有傷害，如此我就可以安全的生活。就算你拋棄我，因為你對我沒那麼重要，所以我應該也不會那麼痛，甚至我比你更快拋棄你，這樣我就安全了。

當然，我也可能使用「僵」，選擇不去面對這些問題，我直接封閉自己的感覺，讓自己遁入追劇、飲食、酒、購物、工作等物質生活中。我可以控制我的感覺，只要我不面對，這些感覺就不會傷害我。

而更常發生的是，我選擇「討好」，努力討好對方，希望藉由我的努力與犧牲奉獻，可

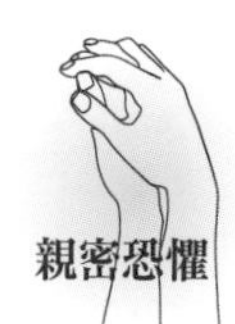

以讓他留在我的身邊，讓我不被拋棄，越久越好。

要安撫內在的唱衰魔人，先從當自己的好友開始

但不知道大家有沒有發現，不管是哪一個策略，都有一個根本上的問題：

這些行為與思考，都是「我自己」決定的。我不曉得對方是怎樣的人，對親密關係的想法與價值觀，我也沒有讓對方知道我內心的恐懼與感受。我只是自顧自地做了一個決定，選了一個腳本，**把對方套進我的腳本裡，讓對方演著我為他預設的角色**。

於是我看似犧牲奉獻，好像很在乎關係，但實際上，**我在乎的其實是自己的不被拋棄**，而並非真實地理解我們之間的關係，以及對方在關係中的感受與需求。

這就是我前面提到，我們就掉進了自己的想像腳本，理想化了自己與對方，而這樣的理想化，當然極度容易破滅，於是又掉入了完全否定對方與自己的想法中。

試著了解：當遇到這些情境的時候，你內在的「唱衰魔人」會跟你說什麼？他說的話真的合理嗎？還是你總是習慣性地相信他？

試著把自己當成旁觀者，或是當成自己的朋友，去思考：

如果我的好友和另一半吵完架之後，問我：「我覺得自己永遠不會被愛，活在這世界

上，好像一點價值都沒有」時，我會想怎麼回應他呢？

要安撫你內在的唱衰魔人，先從當自己的好友開始。重新思考這些因為焦慮情境而引發的負面標籤與想法是否合理，小心不要掉進全有全無的陷阱裡面。

▼小練習

在親密關係中，你對自己內在的負面標籤是什麼？這些標籤如何影響你？

和唱衰魔人對話的小練習：

1 辨識

唱衰魔人通常都會在什麼時候出來？他會跟你說什麼？

2 釐清現實

他說的是真的嗎？如果是你的好友，或是愛你的人，他們會跟他說一樣的話嗎？還是其實他們不是這樣說？

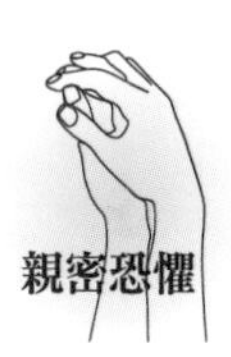

如果你是旁觀者，你跟唱衰魔人的看法一樣嗎？

3重新對話

記得，你再也不是以前那個遭受唱衰魔人攻擊，無法說出什麼的小孩。試著把自己和「唱衰魔人」放到平等的位置，好好地跟他對話，詢問他的想法為何是這樣，他在害怕什麼？

而你，是不是有機會提出不同的看法，讓他知道現實不是長這樣？你的想法也和他不一樣？

為什麼有唱衰魔人？

有些人可能也發現了，**唱衰魔人似乎是我們內化了父母、主流價值的標準**，那些曾經讓我們受傷，讓我們覺得自己不夠好的「標準」，沒有咀嚼地形成了我們的「唱衰魔人」。

就像我前面說的，「唱衰魔人」一開始是我們發展來保護自己的防衛機制，為了「內在」先有人提醒，而不至於讓「外在」傷害我們。

但是最後，這個唱衰魔人卻是最傷害我們的內在，也常常是「自損三千」的根本原因。

我曾跟我的分析師聊到這個「唱衰魔人」。那時候的我，每次被唱衰魔人攫住，開始被他攻擊時，就完全動彈不得，只能毫無選擇地掉進那個自我厭惡的洞中。

那時，分析師問了我一個問題：

「現在的你已經長大，你願不願意跟你內心的唱衰魔人說說話，問問他到底為什麼這麼擔心，要說這些話？他到底在擔心什麼？害怕什麼？你同意他的擔心跟想法嗎？」

我第一次聽到分析師的提議時的想法，應該跟大家很像，就是：

「怎麼可能，我怎麼可能可以跟他對話？」

一個是我不相信他願意聽，另一個是我不相信我有足夠的力量可以面對他、影響他。

但後來，我開始嘗試之後，我發現：

原來，這個唱衰魔人，某方面是我內化了過往權威、他人與主流的信念，以及對我的標籤等，所形成的「**內在遵循的權威**」。

因為他如此具有權威感，似乎是外在環境規訓我的重要「教官」，所以他的話，我只能聽，他的諷刺與貶低，我也只能相信。

否則，如果我不相信，我可能會被外在環境傷得體無完膚。

但是，這個內在遵循的權威，畢竟不是我自己形成的權威。

也就是說，**這些標準、規條，都不是經過我個人有意識的思考與選擇**，了解自己想要成為怎樣的人、過著怎樣的人生，所形成、選擇的標準與原則。

因此，他就擁有至高無上的力量；而我的自我價值，即使遵循他的意見，都做到一百分，我的內在，仍然是虛弱無力、自我價值低且自我懷疑的。

因為，那不是我自己做的決定，而在他的壓抑之下，我卻不清楚，我內心真正的看法與選擇是什麼。

當我們以他人的標準為標準，我們沒辦法形成屬於自己的「自我認同」

這其實也是在自我認同的過程裡，當我們以他人的標準為標準，將沒辦法形成屬於自己的自我認同，因此，在遇到一些重大危機時，這個「遵循他人標準所形成的認同」，很容易動搖、混淆，甚至破碎，引發認同危機。

簡單地說，也就是自我懷疑與強大的內在焦慮，總覺得自己不夠好，卻也不知道自己要什麼，惶惶不安地，只能讓自己不停地抓取外在的標準。

然後羨慕、嫉妒他人，或是傾全力得到那些主流的成功，但得到後又有些空虛，只能一再地重複地爭取，相信這樣就是屬於自己的幸福快樂。

但其實，那是別人覺得好的，卻不一定是你喜歡的、想要的。

✤　✤

這也是我看到很多人，在獲得許多的成就之後，卻對自己有著很深的自我懷疑，甚至自我價值低落的重要原因之一。

而當我們有機會跟自己的唱衰魔人對話，我才有機會更清楚：我到底是怎樣的人？我想做到怎樣的事？

然後，**我有機會慢慢修正，形成屬於我自己的自我認同**。

如果今天得到一些外在的成就對我是重要的，那也是我有意識的選擇，而不是因為不安，於是被焦慮驅使、下意識抓取的結果。

所以，很鼓勵大家試試看，和你的唱衰魔人對話，有時可以反駁他、安撫他。你會發現，慢慢地可以找回自己的力量，建立屬於你自己的內在權威。

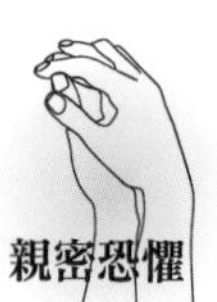

而這個，是誰都拿不走的，屬於你自己的「肚臍眼的勝利」！

▼小練習

在關係中，你追求安全感的方式是什麼呢？

試著觀察你在關係中，通常會做什麼事讓自己有安全感，這也是你在愛情中的生存策略。

例如，小艾發現，她在愛情中追求安全感的方式，就是盡可能與對方在一起、知道他的行蹤、交友狀態，還有生活的一切……她發現只要對方有事情自己不知道，立刻就會讓自己很擔心，因此知道伴侶的一切，不停地詢問與查勤，就是她追求安全感的方式。

這時候，我會邀請小艾先停下來，問問自己：

「我想要的安全感是什麼？」

小艾可能會發現，自己想要的安全感，是希望對方能夠一直好喜歡、好重視自己。

因此，小艾或許就有機會再問問自己：

「那麼，我目前的行為，可以達到『我想要的安全感』的這個目的嗎？」

當小艾發現答案是否定的時候，可能就能問問自己：「要達到我的目的，怎麼做，才有機會呢？」

或許，忍住自己內心的焦慮，先讓自己了解對方的感受與需求，就會是小艾可以考慮的選項之一。能有機會有彈性地調整自己的行為，不再一直用生存策略去因應。

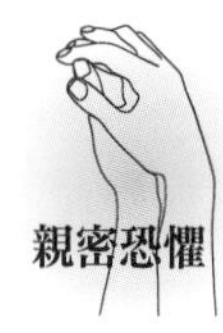

辨識你的愛情腳本：了解你在愛情中的未竟事宜、生存策略與愛情腳本的形成

前一個部分，花很多篇幅讓大家理解，在出現親密恐懼、執行生存策略，到重複的愛情腳本，在這之中，我們的內在發生了什麼事，以及如何能夠在我們出現一些自動化的情緒與反應時，試著讓自己停下來，了解內在，並且學會判斷目前的現在，而不是讓自己留在過去，或是過於擔心未來。

「過去就是過去了，當你不讓他過去時，他就會變成你的現在。

未來就是尚未發生，當你不停擔憂，他就會成為你的現在。」

在這一個章節，我整理了一下相關的重點，讓大家可以跟著這些列點檢視、思考關於你的親密恐懼、對親密關係的想像、重複的愛情劇本（親密關係中重複的模式）是什麼。

探索、辨識關於你的「重複愛情腳本」

1. 你的親密恐懼是什麼？在關係中，你的「未竟事宜」，那些未滿足需求是什麼？
2. 你對關係的完美想像（理想化）是什麼？這個想像與過往與父母或其他親密關係是否有關？
3. 什麼事情觸發了你的親密恐懼？與在關係中的失落（需求未滿足）有關嗎？
4. 當時你的感受、想法（內在負面標籤）是什麼？是否又加深了你的親密恐懼？
5. 這促使你做出怎樣的行為（生存策略）？
6. 你做出這樣的行為，真正想要達到的需求是什麼？你真正的關係需求是什麼呢？

7 是否有效滿足需求？還是無效？

8 如果想要有效達到你的需求，你覺得可以怎麼做？[14]

這些項目中，大部分在前面的章節中，我都有一一說明，不過，因為擔心大家不太知道如何探索、應用，因此，我在這裡舉個例，讓大家可以更理解這個表的使用方式。

以在「被拋棄的恐懼」中的小魚為例。

1小魚的親密恐懼，是「被拋棄的恐懼」：

不過在做完測驗後，她發現自己除了被拋棄的恐懼外，這個內在恐懼會引發她出現「我不夠好」的恐懼，以及為了留下關係、避免被拋棄，也會出現「不得不順從他人」的恐懼。小魚發現，自己在關係中的未滿足需求，是感覺到「我不被重視」、「我不被愛」、「我被忽略」。

2小魚發現，自己內心的理想化關係是：

有一個很優秀嚴格，但是很愛自己的人，不管小魚好或不好，都會陪著她、理解她、照顧她、保護她。小魚期待這個人可以從嚴格挑剔，轉而對小魚的肯定、理解與不離不棄，那種「從失望翻轉成愛與重視」，是小魚最嚮往的愛情。

因此小魚發現，自己內心其實有一種期待，那就是：只要找得到這個對的人，他就能拯救我，讓我過著和以前不同，擁有可以被愛，也可以愛人的幸福生活。

在探索這部分時，小魚發現她對關係理想化的期待，與她對父親的失落有關。**了解到自己所追求的關係，其實是想彌補沒有從父親那裡得到的肯定和愛，是很重要的覺察**。不過關於這一塊，除了需要去辨識與理解之外，撫慰自己的內在小孩，幫助自己面對與父親關係的失落，以及哀悼自己在當時沒有被好好照顧，也是非常重要的過程。[14]

3關於「什麼會觸發自己的親密恐懼」：

小魚發現當對方變得冷漠、沒有回應，或是讓小魚感覺到對方對自己沒有興趣、態度不好、變得比較兇或是不重視自己時，這些都會讓小魚感覺到「我不被重視」、「我不被愛」、「我被忽略」，就會讓小魚很焦慮。

14 失落的看見與哀悼，是一個創傷的重要歷程，礙於本書的篇幅，無法詳述太多。若希望往下探索這部分，並且做自我療癒的朋友，可參考我的前一本著作：《羞辱創傷》，最後一章談到關於療癒的步驟，特別是談到「哀悼」的篇章，或也可參考一些談到內在小孩療癒，或是CPTSD相關書籍，都會對這方面的探索有所幫助。不過，還是提醒大家，這類過往經驗、創傷的探索，有時會引發非常巨大的情緒重現，甚至會不容易自我恢復。因此若探索到一個程度，發現情緒波動較大時，請務必找尋專業心理的相關協助。

4這個焦慮所引發的內在負面標籤：

我擔心自己不夠好、對方會對我不滿，而我會被拋棄、會被丟下；我會覺得是不是我沒做到他想要的（我讓他人失望），所以他才會不要我。

這些負面標籤，又加深小魚的親密恐懼：害怕被拋棄、害怕自己不夠好、是不是自己不夠順著對方……

5這種親密恐懼造成的焦慮：

讓小魚覺得自己必須要努力討好對方，而且盡量順從他人對自己的要求與期待（生存策略）。

當小魚的生存策略與恐懼交雜在一起，這會讓小魚更加強「我如果讓人失望、不順從別人的話，我就會被拋棄」，於是這些親密恐懼結合小魚的生存策略，**變成一個難以脫逃的網，讓小魚困在其中，逃不出來。偏偏，這個網卻是自己織的**。

接下來，我們要帶著小魚「釐清現實」狀況。

6小魚思考自己願意順從、盡量討好對方，是為了留下這個關係：

而留下這個關係，是為了滿足自己「我是可以被愛的」、「我夠好，因此可以留在關係裡」的需求；但最終，會想留下這個關係，是因為內在的理想化，總是希望、相信這個關係可以「拯救沒人愛的自己」。

希望能夠透過自己的努力，讓自己有人愛，讓自己可以翻轉關於自己的愛情腳本。

7但端看現實狀況，小魚發現自己在這個關係中並不快樂：

當關係都是靠自己的努力與討好而維持時，小魚開始思考：這個人，真的是可以給我幸福的那個人嗎？

8在面對伴侶態度不好或挑剔自己：

小魚留意到自己的順從其實會讓自己更委屈，於是小魚可以開始重新思考：如果，我想要一個我愛他，他也愛我的關係，但我卻總是找吝於給愛，認為自己才是比較重要，也不珍惜我的付出的人，那麼，會不會這個人，就不會是那個可以好好愛我、珍惜我的人呢？或者，我的順從，是不是讓他不知道怎麼尊重我？不知道我的感受與需求？而我要怎麼讓他知道？

看了小魚的例子，或許很多人讀到這裡，會覺得：

「小魚的思考也太順暢了，我常常想到某一題就停下來卡住了。」甚至有些人可能會覺得：「我沒辦法辨識，什麼是我的理想化，什麼是我的害怕，什麼是我的真正需求。」

會有這樣的狀況，都是正常的，這也就是為什麼前面談到內在感受、情緒的出現與理

解，我會花這麼多的篇幅說明。

探索自己是一個非常深入、長遠的功課。若我們一直習慣用恐懼、用習慣、用反射、用生存策略帶著我們跑，對自己的內在感受、想法陌生，都是非常正常。

因此，如果你發現在某些題目上有點卡，可以在日常生活、親密關係的互動中，每次有一點感受時，就停下來問問自己：

◆「我現在怎麼了？」

◆「為什麼這個人那麼吸引我？」

◆「如果我也知道他對待我的方式不合理，為什麼我走不了？為什麼我無法拒絕？我在害怕什麼呢？」

試著返回前面探索親密恐懼的章節，了解親密恐懼如何影響你，你又出現了怎樣的感受與想法，影響了你的行為。

反覆探索、自我對話、理解，會幫助你越來越清楚自己的感受、想法與需求，也就是：在關係中，想要被對待的方式。

重新建立有安全感、親密感的關係：培養你在愛情中的第二專長

提醒自己有意識——開始練習訓練你的心智化能力：停、看、應

當對自己的內在感受、想法越來越有意識，也越來越能安撫、辨識自己過往舊有的行為模式時，我們就可以開始建立與他人互動、連結的方式，以及自己新的應對模式。

在這部分，我分別以**停**、**看**、**應**的三步驟，來說明這三個步驟如何幫助我們建立新的互動模式，以及親密關係。

停：面對情緒重現的情緒調節、自我安撫

「停」的這個步驟，最重要的是幫助我們增加自我安全感。而增加自我安全感的重要方式，正是：能夠自我安撫，感覺自己是安全可控的。

因此，學會「自我安撫練習」，是「停」這個步驟最大的重點。

自我安撫練習：學習自我情緒調節的重要關鍵

前文我們有提到，很鼓勵大家，在面對情緒重現造成的焦慮，以及使得我們選擇反射性的生存策略時（例如攻擊、討好、逃避、情緒隔絕……），先辨識自己何時會出現情緒重現，並且**在出現「情緒重現」時，讓自己能先停一下，不要那麼快地做反應，是一個非常重要的調整關鍵**。

能辨識它、承受它，了解現在的它對我們殺傷力沒有那麼大，我們就有勇氣做其他選擇。

✤ ✤ ✤ ✤

不過有很多人發現，說起來很簡單，但是「情緒重現」一出現，都會造成很大的危機感、被情緒淹沒感，不但沒辦法脫逃，還有一種一動也不能動、很深的焦慮與恐懼感，讓我們動彈不得，很容易又按照以前的方式去面對與處理。

這時候，我又要說我的口頭禪：

「這是正常的。」

是的，這真的非常正常。當我們好習慣這樣的應對，在壓力底下，無法用新的選擇，而是用做慣的舊模式反應，是一件正常的事。

所以，在這時，我們需要想一些新方法幫忙，這就是「自我安撫」練習。

例如，如果你是小艾，面對另一半沒有接電話，或是有一些跟平常不同的行動，甚至是因為你遇到了一些事，造成你對這段感情的焦慮，即使你知道這些徵兆都好小，但你仍擔心另一半會背叛時——

請你先選擇「自我安撫練習」，讓你自己的身心都處在舒適的狀態，再來思考、判斷這是不是一個危機。

例如，小艾可以在對方沒接電話，內心覺得很焦慮，想要狂打電話、狂傳訊息給對方時，先跟自己說：

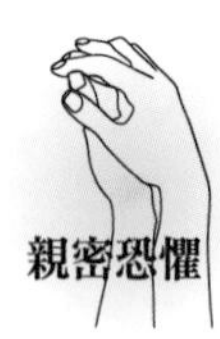

「等等，我先停一下，反正現在不做這些，應該也不會發生什麼事。我先讓自己冷靜一下，以免錯殺好人（？）。」

此時，小艾可以先試著做一些「自我安撫的練習」。

很推薦大家可以找到適合自己的自我安撫練習，我推薦幾個，例如：

- 深呼吸、放鬆練習。
- 泡澡，聽自己喜歡的音樂。
- 追自己喜歡的劇，做自己會喜歡、舒服的事。
- 和好友聊聊天。
- 自我對話：用錄音筆、手機錄音軟體，或是書寫，來讓自己釐清現在的焦慮，也可以做前文提到的感受篇的自我對話與分析練習。
- 跳舞、跑步等運動，或是出去走走、散步等。

包含如果是小魚出現被拋棄的感受，馬上想要抓住對方；或是阿威感受到被控制，馬上想逃跑……我都非常推薦這些方法。**先讓你的內心平靜下來，不要那麼快地「被刺激」，然後你就不會馬上「被迫反應」**。

一旦你內心那個很容易被刺激的警報器，有機會被穩定、被安撫，就像小時候你沒有經驗到的那些撫育，現在的你有機會對自己做，那麼內心「有一點風吹草動，立刻被迫反應」的生存焦慮循環，就有機會被打破。

這其實就是第一階段，我們為自己做的情緒調節。

當我有能力自我調節情緒，需要他人安撫的部分就會變少。

我們會感受到自己的穩定，沒有那麼容易受他人影響，也不會讓我們習慣立刻反映、處理跟他人的關係：例如馬上要控制對方，或是要馬上阻斷與他人的關係，或是擔心自己被別人影響，得馬上隔絕自己的情緒（控制自己）。

當我們越來越能做到自我安撫，**你會發現：你對自己的情緒了解越多，你越放心**。你能夠更自在地讓這些情緒流動，更能感受到自己的穩定，以及不那麼容易受外在環境、他人反應影響。

這種**自我內在的穩定感，會帶給我們內心的平靜**，以及我們很想要的「自我感覺良好」。

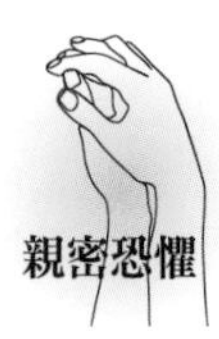

而不用靠炫耀自己、貶低別人，或是嚴格控制自我或他人才能獲得。

增加這樣的自我情緒調節，當然也能幫助我們不會如此容易陷入親密恐懼，也就不再容易使用同樣的策略，演出重複的愛情腳本。

看：建立你的心智化能力

建立屬於你的自我安撫練習之後，接下來，就是我們開始訓練自己「心智化能力」的關鍵。那就是：如何覺察自己、覺察他人，以幫助我們做關係現狀的判斷，以及溝通反應、行為的選擇。

所謂的心智能力，指的是兩種能力：

覺察自己：如何了解自己的情緒，以及行為背後的意義；

覺察他人：如何了解他人的情緒，以及行為背後的意義。

為什麼需要增加心智化能力？在焦慮的影響下，當我們落入了親密恐懼與內在負面標籤中，會不停用同樣的思考模式來解釋自己、他人以及關係。

唯有在安撫了焦慮與恐懼後，也就是我們前一個步驟所討論的情緒自我調節（停），才有機會跳出那個自動化的模式，開始用不同的眼光，了解現在的自己，也了解當下的他人與關係，不至於一直被過去給困住。

不過，跳出過往的循環之後，還需要具有相對的正確解讀自己、解讀他人的能力，否則我們仍會被自己習慣的解讀影響，又被親密恐懼攫住，落入過往的愛情腳本當中。

因此，增加我們的心智化能力，可以**加強「釐清現實」的判斷**，讓我們不至於戴著「親密恐懼」的眼鏡，負面解讀，或太過樂觀解讀自己與他人的一些行為，造成關係陷入自己的想像中，也才能幫助我們做出有效的溝通方式。

如何增加我們的心智化能力？了解如何「看」，正是接下來我想與大家分享的部分。

如何「看」？

1自我的狀態：意識是否有舊有模式產生，留意：

◆我的親密恐懼是否被引發？

◆引發的事件是什麼？

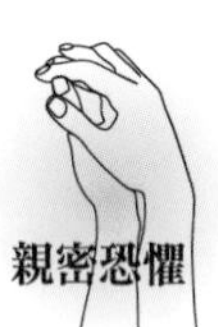

◆引發後，我出現什麼感覺與想法？

◆因而想做的行為是什麼？

◆是否有效（造成怎樣的結果、這是我想要的結果嗎）？

2 他人的狀態：

◆他為什麼這麼做？

◆他的感受、想法可能是什麼？

◆要達成什麼目的？

請注意，在了解自我與他人的狀態時，順序一定是：先看清楚自己，再去思考別人。

當我們能先看清自己時，可以了解自我被引發的部分，也能做更多的自我安撫與理解，情緒也不至於覺得不甘願與委屈。

看清自己，再看他人，可以幫助我們更了解對方原本說這些話、做這些事背後的目的是什麼，也有機會在因為理解自己，放下自己的防衛後，真心地感受到對方的行為不一定對我是個威脅，而是有著背後的好意、想靠近的原因、想被理解的情緒等。

看到這些好意，對我們是重要的。如果將對方視為威脅，我們會想抗拒、攻擊、想說服對方或被迫順從，如此都無法真正理解自己與對方的需要。

只有冷靜下來，**先看清楚自己，可能被對方引發的威脅感是什麼，再去看對方做這些事情背後的目的與需求**。如此，我們才能客觀了解對方是否帶著善意，也才能帶著愛去與對方溝通，而不至於導致互相傷害、衝突的結果。

應：傾聽、理解、說明、回應

在「應」的這個步驟，有幾個重點：

- ◆增加、表達你對他人的理解：理解、同理、傾聽。
- ◆表達你的感受與需求：說明自己、回應對方、設定界限。
- ◆給出可以執行的策略。

在「應」的這個步驟，與「看」不同的是，「看」要先理解自己，再理解他人，但**「應」的部分，我鼓勵大家先同理對方的感受與需求，再說出自己的感受、想法與界限**。

例如，以「得不到想要的愛」的親密恐懼者小琳來說，她在「看」的步驟，發現自己其實需要更多與伴侶的相處時間，而自己總是用做得更多來展現這個需求，但是伴侶並沒

有發現；而伴侶的確在小琳的忍耐與「乖巧」中，覺得放心，而更以自己的需求為主，這也讓小琳重演了小時候與父母的互動，感覺到自己是被忽略而不被重視。

但這樣的互動，不完全是因為伴侶不重視小琳，而是他以為小琳這樣也可以，因此更以自己的需求為主。

因此，小琳可以練習放下那個「因為我不重要，對方一定不重視我」的負面標籤，練習對自己的伴侶說：

「我知道你很忙碌，你也很放心我把自己照顧得很好，不過，其實有時候我也很想要跟你多點時間相處，因為跟你在一起，我總是很開心，所以你很忙的時候，我有時候很想你。」

表達你正向的、真實期待的愛的情感，這種柔軟的情感，是關係增加親密感的重要養分。當伴侶聽到原來自己的陪伴對你如此重要，而不僅是一個「不夠負責任」、「做不夠」、「不得不做」的「工作」時，會更願意回應你的需求。

若伴侶說，我其實也很想，但我真的很忙。同理對方的忙碌，提出一些彼此能力上做得到的事，例如：

「如果可以，我們週末的時候可以去哪裡走走，這樣好嗎？」

「每天我們可以撥出一點時間，互相按摩、聊聊生活，好嗎？」

提出你覺得你可以接受，對於對方也不算太難的策略，讓對方知道你需要的實際行動是什麼，更可以讓他清楚的評估，而不至於讓他想像這是一個很困難、很難被滿意的狀態，於是更想要逃避或打壓你的需求。

當然，這時候可能會有些人說：

「可是我提了需求，對方都不願意，都說再看看。」

如果可以，好好問問伴侶，對他來說最大的困難是什麼，因為你想了解他。

不過，有時候伴侶可能也困在自己的愛情腳本中，沒有能力好好說出他內在的那些混雜的、想逃離的焦慮與害怕是什麼，因此，**讓伴侶能說出他自己內心的感受與需求，並且傾聽與回應，會比要他馬上做到你的需求，來得更為重要**。

✤ ✤

理解「你不是因為我不重要才這樣」，是因為「你有一些其他的原因」，這樣的對談、

理解與情感交流，可以讓親密恐懼者不會那麼快陷入「我不夠好」、「我不重要」、「我要被拋棄了」的害怕與焦慮當中。

而也有可能，在兩人的關係長時間不平衡時，對方也不一定會立刻能調整自己的習慣，重視你的需求，可能在自我需求與你的需求平衡中，他還是很習慣「即使以自己的需求為主，這個關係還是能維持」的形式。

✤ ✤ ✤ ✤

因此，在多次溝通無果後，小琳必須重新面對一件事：如果這個人重視自我需求遠大於對方的需求，完全沒有太多討論與妥協的可能，在經營關係上，也沒有太多的投入與讓步，而必須由小琳無限的配合來維持這樣的關係，那麼，小琳對這段關係會滿意嗎？內在那種「我永遠得不到我想要的愛」的感受與恐懼，是不是會被餵養得越來越大？

最後，小琳必須回歸、思考自己想要的關係是什麼，希望在關係中得到的是什麼，這個關係又給了自己什麼，有怎樣的重要性……

重新思考自己的界限，甚至重新思考這個關係是否繼續，如果持續，自己要面對的可能性有哪些，是否內心已經準備好。

而這件事，沒有正確答案，只有小琳在內心判斷後，自己最後做的選擇與決定。

設定界限的重點

關於設定界限，在我的每一本著作幾乎都有提到，而設定界限的確仰賴兩件事：

一個是我多看重我自己，也就是我願不願意（敢不敢）去保護、照顧我自己的感受與需求，這也是「自我價值」的基石。

第二個是，我的心智化能力，也就是我能不能合理地判斷現實的狀態、別人的情況，還有我自己的需求與可以承擔的狀況，去決定自己的界限可以設到哪裡。

在設定界限這個步驟，與大家分享幾個可以注意的重點：

- ◆內在情緒與需求的辨識：這是我的，還是別人的？
- ◆外在現實的評估：如果我做了這個決定，影響會是什麼，我是否可以承擔？
- ◆建立連結：同理對方、表達需求、調整回應。

設立界限時，第一個步驟，也就是分辨「這到底是我的需求，還是對方的需求」，是設立界限相當大的重點。

因為親密關係，是最容易讓我們混淆、模糊界限的關係。最重要的原因，是因為對方對我們有重要性與影響力，會讓我們混淆對方與自己的情緒及需求。關於親密關係的設立界限，我曾有一個經驗，與大家分享。

原本我是一個很容易在乎他人需求，會為伴侶做很多事情、照顧他的人。但是在累積到一個程度時，時常會覺得：「我為你做得很多，但你卻不珍惜我的付出，還會挑剔我」，因此到了某個極限時，我就會情緒爆炸，與伴侶起很大的衝突，伴侶就會落下「不爽不要做」的話，讓我覺得既生氣又委屈。

後來，我慢慢了解我的愛情腳本，我了解我內心的「被遺棄的恐懼」，會讓我忍不住做很多去維繫關係，但是內心又對伴侶的付出不滿，於是我就像「得不到我想要的愛」的小琳一樣，越來越不滿意關係，卻又對自己的評價越來越低，認為自己不被重視。

因此，後來我開始學著設定界限，第一原則就是：「**不委屈自己做不想做的事**」。

記得有一次剛結婚時，幫伴侶洗衣服，伴侶嫌我衣服洗完晾得不夠整齊。那個時候我覺得既生氣又委屈，覺得「我已經幫你做事了，怎麼你還嫌我？」

以前的我，就會立刻生氣地將我的委屈全部說出口，而就會出現前面我提到的那種場景：我訴說著委屈，其實只是想要伴侶看到我的付出，希望從他的反應感受到他重視、珍惜我；但伴侶覺得有壓力，覺得我在控訴他不夠感恩，讓他有「自己不夠好」的感覺，於是就說出「你可以不要做」的話語。

我們就在各自的親密恐懼中，演出習慣的愛情腳本，最後的結果都不是我們想要的。

因此，那次我決定設立界限，讓自己有其他的選擇，我告訴伴侶：「我覺得你說得對，我的習慣跟你的習慣不同。不過要做到你的習慣，對我來說很花力氣，我有時也會忘記。所以我想，之後我就洗我的衣服，你就洗你的，這樣你就可以按照你想要的方式去做。」

然後，我就真的只洗我的衣服。

以前我覺得要做到這樣很難。我會心軟，或是不安，覺得自己可以「不考慮他的需求嗎？」「可以這麼任性嗎？」

後來在我評估「這是我的需求，還是他的？」並且釐清現實與伴侶的需求後，我發現與其做了自認為照顧他的事，然後抱怨說他不夠珍惜我做的事（我的愛情生存策略），倒不如一開始就不要做，他反而是比較能夠接受這樣的結果，而不會影響我們之間的關係。

因為我必須理解：那個想要主動照顧他、幫他做事的部分，很大一個原因不是為了他，

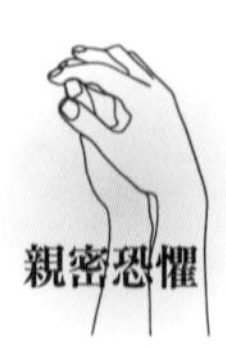

而是因為我內在的親密恐懼，讓我必須有功能、多做事，於是我多做了，但卻非常渴望他可以為我拍拍手。

那是我內在的需求，不是他的，我必須要辨識出這件事。

在這樣的調整下，我們反而沒有因為這件事吵架。後來在這些生活的細節上，伴侶主動找我做一番溝通與深談，我們的標準重新協調，也有共識，這類的衝突就越來越少。

因此，辨識自己的內在情緒與需求；以及外在現實的評估、建立連結，也就是表達界限時仍然同理對方，調整為中性的回應（而非攻擊），是建立界限非常重要的關鍵之一。

建立界限時，需要給自己練習的機會

也想提醒大家，在建立界限時，因為不熟悉，因此很需要給自己練習的機會。

也就是說，順著我們前面的步驟，當能夠安撫自己的焦慮，並且開始辨識需求、評估現實、建立連結等……在這種與他人間界限設立的過程中，其實「很看每次自我練習的經驗」，也就是到底能不能正確評估現實跟自己的狀態，然後隨著每次的練習調整，不要求一次到位。

也就是說，一次一小步，讓自己可以做出跟過去不一樣的選擇。或許有時候可能稍微過了些，有時候又稍微退了些。在這些進退之間，慢慢摸索出自己可以比較舒服，也不至於讓他人太不舒服的界限設立方式。

可能，不一定每次都能做出你最想要的「正確答案」，但了解現在自己的能力、心理素質可以承擔到哪裡，所以只做到哪裡，也是一個很重要的判斷。

因此再次強調，重點不是要「一次到位」，而是**越來越了解自己每個選擇、每個判斷的原因，做出「有意識的選擇」**。

只要你是有意識選擇，即使行為看起來跟過去沒有太大差別，你至少知道為什麼你這麼做，而非僅是和過去一樣，因為恐懼或焦慮驅策、自動化反應的結果。

這樣的「有意識選擇」經驗越多，你會越清楚自己的感受與需求，設定界限也再也不是那麼難的事。

成功建立界限時，給自己一些鼓勵

當你發現在進行辨識你的愛情腳本過程中，你慢慢可以不再掉進跟以前一樣的坑，可以看到坑，甚至可以繞行時——

例如小魚發現，當伴侶對自己冷漠、態度不好或挑剔小魚時，小魚可以不要馬上討好、

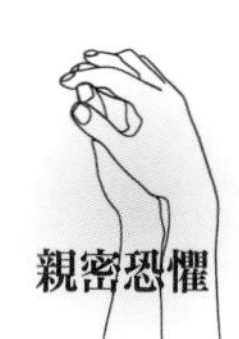

順從對方或照顧對方情緒。小魚可以停下來，離開現場，或是跟對方說：「我猜你今天狀況不好，我讓你一個人靜一靜。」

總之，當小魚可以停下來，不隨對方的情緒起舞，不用以前的方式順從、安撫對方時，這就是一個新的生存策略，一個新的行為標記。

也是你**成功地跳出了過往的愛情腳本，成功培養了自己在愛情中的第二專長**。

做到這件事的小魚，要記得提醒自己：

「我很棒。我有勇氣做到跟以前不一樣的事，對方可能會不開心，但我表達我的需求，讓對方知道我想要的關係是什麼。」

給自己一些鼓勵，深呼吸，拍拍這樣努力的自己，記住這種感覺，這就是新的行為標記。

標記這些行為，並且肯定自己的嘗試，是很重要的。

有時候，我們新的行為不一定做得很順利，可能也會引發一些衝突，但肯定自己做新的嘗試的勇氣與努力，重新回到**設定界限三重點：「辨識需求、評估現實、調整回應」**的過程中，會越來越順手的。

面對面溝通的小提醒

給習慣使用「逃」策略的親密恐懼者

習慣使用「逃」策略的人（時常是逃避依附者，或是焦慮依附中使用「逃」行為的親密恐懼者），在面對伴侶直球對決的溝通時，常常會覺得很有壓力，有時想顧左右而言他，有時想逃離現場，但這樣的逃離，時常又會被使用「戰」策略的親密恐懼者（多半是焦慮依附者）解釋成：你不重視我、忽略我。

因此，「戰」策略的親密恐懼者會因為焦慮而追得更緊，「逃」策略的親密恐懼者就因為焦慮而跑更遠。

在這裡，對於需要時間思考、消化情緒的「逃」策略親密恐懼者，我很建議在面對溝通或衝突時，可以先使用一個方法，那就是：

先簡單回應：「我有聽到你說的，我需要一點時間想一想，等我想清楚，我再回應你，好嗎？」

或是「我知道你現在說的東西很重要，但我沒辦法馬上回應你，我需要一點時間。」

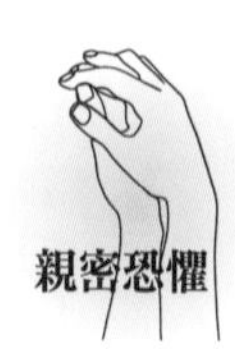

因為，**對於使用「戰」策略的親密恐懼者來說，最害怕的，就是你的沒有回應**，那會讓他們追得更緊。

因此，試著把這些話背起來，甚至是貼到記事本，在遇到類似狀況時，直接傳給對方，讓對方知道你的情況，會讓溝通的狀況不那麼緊張，也不會讓你們一直進入追、逃的惡性循環裡。

當然，在你多獲得了一些時間，可以好好思考時，很多時候因為對情緒的排拒與害怕，會讓你想要「趨吉避凶」，逃離思考這個壓力的狀態。但請你了解，在你對面的那個人，正滿臉忍耐的等著你，希望能夠跟你更加親近。

當你想要維持這段關係時，不是去做更多日常對他的照顧或「有用的事」。你知道嗎？光你的存在與回應，光對方知道「你跟我在一起，你願意跟我一起度過這個我們之間的難關」，就可以給對方莫大的安慰。

而當你覺得害怕，害怕對方不是那個可靠的人，可能沒辦法接受、理解完全的你，或是害怕，當你嘗試了，對方卻無法理解或不能接受時的挫折與痛苦，請你了解，有這樣的害怕是正常的。

但是，有時候我們總是要試著訴說自己、嘗試過後，對方也才有機會真的了解我們。

不說自己的感受與想法，但認為若對方是「對的人」，就應該能夠了解我們……這是一種理想化，也幾乎是誰都做不到的事。

因為，連你自己，有時也不能很理解自己，對嗎？

冒險，有可能會受傷，但是現在的你，比起過往的你，其實已經多強壯一些；也**請你了解，說了，對方不懂，那不是你的錯**，只是對方不懂而已。

但若我們願意給對方機會，發現對方很願意懂我們、理解我們的時候，或許你會發現，**在你對面的那個人，終究與你的父母、與過去曾讓你受傷的對象不同。**

你的冒險，讓你培養在愛情中的第二專長，也讓你有機會遇到更加適合你，能與你攜手共度的人。

給習慣使用「戰」策略的親密恐懼者

習慣使用「戰」策略的人（時常是依附類型中的焦慮依附者），對於另一半沒有回應、沒有反應，或是發現關係中的問題與自己不滿意的地方，覺得不被重視時，是會非常在

意的，且會希望馬上反應。

所有的馬上反應，其實都是因為，希望能夠馬上改善這個狀況，且可以喚回對方的重視與回應，以此讓自己內心對於「這個關係的危機」，那種親密恐懼的焦慮感，可以下降一些。

不過，當使用「戰」策略的人，因為感覺被忽略而勾起過往被忽略、不被重視的感受，這種「情緒重現」引發自己的焦慮、憤怒、悲傷、不安時，有時會用太強力的攻擊與指責去應對這種情況，也可能會太急著想知道、確認對方的狀況，而追著對方不放，甚至要求對方要做到一些事，去減低自己內在的焦慮感。

不過，我們需要知道，這樣的焦慮感與恐懼不安，和我們的內在有關。而伴侶，可能對於關係的想像、溝通與回應，與我們是很不一樣的。因此當我們追著對方時，對方可能因為焦慮與壓力，更無法給我們回應。

尤其是，如果對方在親密關係中，很習慣用「逃」策略來因應，就會讓用「戰」策略的你感覺到越沮喪、挫折，面對他的無回應與冷漠，更覺得自己不重要。

因此，**「讓自己的情緒先緩一緩，先停下來」，就是使用「戰」策略的你需要先練習的。**

安撫內心的焦慮，告訴自己先做第四篇章的練習，清楚自己內在的焦慮、想逃離的恐懼，還有真正想要被滿足的需求、想要的關係互動是什麼。

清楚之後，開始思考：我現在的做法，是會讓他願意回應我，還是會把他越推越遠？如果是後者，那我可以做些什麼不同的行動，讓我們之間的互動，有機會有一些改變？

若你願意停下來，慢慢地，那個逃的人就不需要跑那麼遠，可以在離你不遠的地方，休息一下，然後慢慢走近你。

於是，你才會感覺：「原來不用我這麼努力，他也是會想要靠近我的，原來我對他還是重要的。」

我想，這也許就是你最想要的，那種在關係中，對方自發的重視與靠近。

✤ ✤

因此，**使用「戰」策略的人，你願意停下來，不要追得那麼緊，那就是你對伴侶的愛。**你願意給他空間，那是你對他的理解與接納，也是帶給他安全感的來源之一；**使用「逃」策略的人，你願意停下來，不要跑得那麼快，願意轉身看看對方，你才會發現，那個在你身後一直看著你，滿臉忍耐的那個人。**

彼此忍住內心的焦慮與恐懼，願意開始讓自己用不同的方式應對，**那都是因為愛。**

記得彼此的這個努力，互相分享這種心情，給予肯定與鼓勵，我想，會讓兩人之間的互動溝通，再也不是如此困難、辛苦的事。

而這一切，都能從我們對自己的覺察開始。

✚✚✚✚

之前準備podcast《周慕姿讀靈魂腳本》第一季，讀這些作家的作品與生平時，心情很複雜。

有一些人，你可以感覺到他這一輩子很努力地在擺脫一些東西：擺脫追在身後的不被愛的恐懼、從小被否定的羞愧、來自原生家庭不完整的悲哀，或是人生中的重要創傷……可能花了大半輩子，努力要擺脫那些腦袋的聲音、心裡無緣無故升起的害怕……他們努力想要擺脫那些親密恐懼對他們的影響，所以建立了一套自己的生存策略，可能就別人來看，是非常用力、過度努力的，甚至帶著一點自毀性質。

例如全身投入工作，但休息時間都是在喝酒，或是瘋狂購物、更換伴侶，平日努力維持自己希望被別人看到的樣子或面具……

只是，那種：「我明明好努力，但卻感覺不到幸福」的空虛感，在夜深人靜、獨自一人的時候，特別難以面對。

那時候，對這些文學家而言，就只能寫作了。

✤ ✤ ✤ ✤

那時候，看到這些生存策略，我為了在這些痛苦中掙扎的朋友（包含我自己），寫下《過度努力》這本書。

有些人在讀了《過度努力》後，會告訴我：「本來我覺得自己一點都不努力，所以認為這本書應該不適合我，但沒想到讀了直中哭點，發現自己人生的走馬燈不停地在書裡被梳理。」

我相信是。

因為**面對自己的人生，並不容易**，我們都會有自己面對人生和坎的樣子，**不論什麼樣子，都是我們努力的方式**。

我們會有自己的生存策略、面對「坎」的因應策略……

人生，總會有一些坎，得用一輩子來過。

這是我自己很深的感受。得用一輩子過，不是因為過不了，而是那正是我們一生最重要的課題。

而我寫下《親密恐懼》這本書，就是想要試著爬梳，**那些人生的坎，如何影響我們的親密關係，成為關係中的另一個坎**。

而當我們開始有意識，能夠看到這個坎，甚至繞過，最後，我們可以療癒、填補這個內心的痛苦與傷口，這個坑，就有機會被填滿。

那個補過的坑，看起來，或許還是無法跟沒受傷過的地方一樣；

但是，這個不一樣，卻也**是我們為自己努力的徽章**。

我們，是這麼努力地愛著自己，那有多好。

最後，我想跟大家分享《西藏生死書》讀到的一首詩，我非常喜歡：〈人生五章〉。

人生五章

我走上街，人行道上有一個深洞，我掉進去，我迷失了——我絕望了！這不是我的錯，費了好大的勁才爬出來！

第二章

我走上同一條街，人行道上有一個深洞，我假裝沒看到，還是掉進去！我不能相信，我居然會掉進同樣的地方，但這不是我的錯！還是花了很長的時間才爬出來！

第三章

我走上同一條街，人行道上有一個深洞，我看到它在那兒，但還是掉了進去——這是一種習氣，我的眼睛張開著，我知道我在那兒，這是我的錯！我立刻爬了出來！

第四章

我走上同一條街，人行道上有一個深洞，我繞道而過。

15 引自《西藏生死書》。

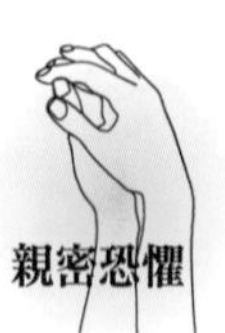

第五章

我走上了另一條街。

當我開始看到那個洞，慢慢地，我能夠思考了，我就有機會開始有別的選擇。

而不是只有毫不猶豫地掉進去一途。

讓我們一起為了這個新的選擇，培養人生與親密關係的「第二專長」而努力。那不是因為之前的我們不夠好，只是我們想要讓自己可以應對新的生活，有更彈性的選擇。

祝福每個在自己人生路上，試著繞開坑的你、我。

記得，我們都在學習，而你並不孤單。

國家圖書館預行編目資料

親密恐懼：為什麼我們無法好好愛人，好好被愛？／周慕姿著.──初版.──臺北市；寶瓶文化事業股份有限公司,2023.11
面；　公分,──（Vision；250）
ISBN 978-986-406-388-8（平裝）
1.CST: 恐懼 2.CST: 心理治療 3.CST: 兩性關係

178.8　　1112018364

Vision 250

親密恐懼——為什麼我們無法好好愛人，好好被愛？

作者／周慕姿　心理師
副總編輯／張純玲

發行人／張寶琴
社長兼總編輯／朱亞君
主編／丁慧瑋　編輯／林婕伃・李祉萱
美術主編／林慧雯
校對／張純玲・劉素芬・陳佩伶・周慕姿
營銷部主任／林歆婕　業務專員／林裕翔　企劃專員／顏靖玟
財務／莊玉萍
出版者／寶瓶文化事業股份有限公司
地址／台北市110信義區基隆路一段180號8樓
電話／(02)27494988　傳真／(02)27495072
郵政劃撥／19446403　寶瓶文化事業股份有限公司
印刷廠／世和印製企業有限公司
總經銷／大和書報圖書股份有限公司　電話／(02)89902588
地址／新北市新莊區五工五路2號　傳真／(02)22997900
E-mail／aquarius@udngroup.com

法律顧問／理律法律事務所陳長文律師、蔣大中律師
如有破損或裝訂錯誤，請寄回本公司更換
著作完成日期／二〇二三年九月
初版一刷日期／二〇二三年十一月二十七日
初版十七刷日期／二〇二四年八月二十六日
ISBN／978-986-406-388-8
定價／四一〇元

愛書人卡

感謝您熱心的為我們填寫，
對您的意見，我們會認真的加以參考，
希望寶瓶文化推出的每一本書，都能得到您的肯定與永遠的支持。

系列：Vision 250　**書名：親密恐懼——為什麼我們無法好好愛人，好好被愛？**

1.姓名：＿＿＿＿＿＿＿＿　性別：□男　□女

2.生日：＿＿＿年＿＿＿月＿＿＿日

3.教育程度：□大學以上　□大學　□專科　□高中、高職　□高中職以下

4.職業：＿＿＿＿＿＿＿＿

5.聯絡地址：＿＿＿＿＿＿＿＿＿＿＿＿＿＿＿＿＿＿＿＿

聯絡電話：＿＿＿＿＿＿＿＿　手機：＿＿＿＿＿＿＿＿

6.E-mail信箱：＿＿＿＿＿＿＿＿＿＿＿＿＿＿

□同意　□不同意　免費獲得寶瓶文化叢書訊息

7.購買日期：＿＿＿年＿＿＿月＿＿＿日

8.您得知本書的管道：□報紙／雜誌　□電視／電台　□親友介紹　□逛書店　□網路　□傳單／海報　□廣告　□瓶中書電子報　□其他

9.您在哪裡買到本書：□書店，店名＿＿＿＿＿＿　□劃撥　□現場活動　□贈書

□網路購書，網站名稱：＿＿＿＿＿＿＿　□其他＿＿＿＿＿＿

10.對本書的建議：（請填代號　1.滿意　2.尚可　3.再改進，請提供意見）

內容：＿＿＿＿＿＿＿＿＿＿＿＿

封面：＿＿＿＿＿＿＿＿＿＿＿＿

編排：＿＿＿＿＿＿＿＿＿＿＿＿

其他：＿＿＿＿＿＿＿＿＿＿＿＿

綜合意見：＿＿＿＿＿＿＿＿＿＿＿＿＿＿＿＿＿＿＿＿＿＿＿＿

11.希望我們未來出版哪一類的書籍：＿＿＿＿＿＿＿＿＿＿＿＿＿＿＿＿

讓文字與書寫的聲音大鳴大放

寶瓶文化事業股份有限公司

（請沿此虛線剪下）

廣 告 回 函
北區郵政管理局登記
證北台字15345號
免貼郵票

寶瓶文化事業股份有限公司收

110台北市信義區基隆路一段180號8樓
8F,180 KEELUNG RD.,SEC.1,
TAIPEI.(110)TAIWAN R.O.C.

（請沿虛線對折後寄回，或傳真至02-27495072。謝謝）